高等职业教育船舶与海洋工程装备类专业新形态教材

船舶工程基础力学

主　编　孙方遒
副主编　高文涛　康晓华
参　编　许　健　蒙晓影　戴　武　李冬梅
主　审　张向阳

北京理工大学出版社
BEIJING INSTITUTE OF TECHNOLOGY PRESS

内 容 提 要

本书以船舶制造为背景，全面审视知识内容，对知识模块进行了梳理，力求使工程力学理论知识应用于船舶工程实际。全书除引论外，共分为船舶构件基础力学问题分析、船舶构件承载能力分析、知识能力拓展三个模块，任务实例选自船舶工程技术、船舶动力工程技术、船舶电气工程技术、焊接技术与自动化、工业机器人技术等专业的力学应用实例，实现工程力学基本概念和基础应用的结合，弱化理论推导和计算，侧重实际应用，融入安全意识、优化节约等素质目标，同时创新训练项目。

本书适用于传统手段教学，也适用线上、线下混合式理实一体化模式的教学，可作为高等院校机械类、近机械类专业的教学用书，也可供相关工程技术人员工作时参考。

版权专有　侵权必究

图书在版编目（CIP）数据

船舶工程基础力学／孙方逎主编.—北京：北京理工大学出版社，2021.1（2021.3重印）
ISBN 978-7-5682-9536-9

Ⅰ.①船…　Ⅱ.①孙…　Ⅲ.①船舶工程－力学－高等学校－教材　Ⅳ.①U66

中国版本图书馆CIP数据核字（2021）第022889号

出版发行／北京理工大学出版社有限责任公司
社　　址／北京市海淀区中关村南大街5号
邮　　编／100081
电　　话／（010）68914775（总编室）
　　　　　（010）82562903（教材售后服务热线）
　　　　　（010）68948351（其他图书服务热线）
网　　址／http://www.bitpress.com.cn
经　　销／全国各地新华书店
印　　刷／河北鑫彩博图印刷有限公司
开　　本／787毫米×1092毫米　1/16
印　　张／11　　　　　　　　　　　　　　　　　责任编辑／阎少华
字　　数／239千字　　　　　　　　　　　　　　　文案编辑／阎少华
版　　次／2021年1月第1版　2021年3月第2次印刷　责任校对／周瑞红
定　　价／37.80元　　　　　　　　　　　　　　　责任印制／边心超

图书出现印装质量问题，请拨打售后服务热线，本社负责调换

前言

如何适应现代高等教育人才培养模式的改革要求，以学习成果为导向来对教学内容以及教材进行重新设计，这是摆在我们面前的一个课题。我们试图编写一本教材，使整个学习过程从简单到复杂、从单一到综合，以成果来促进学习，从而适应新形势下学习模式的需求。

本书以船舶制造为背景，对知识模块进行了重新构建，全面审视知识内容，重新整合教学内容、体系，力求使工程力学重归实际。全书任务实例选自船舶工程技术、船舶动力工程技术、船舶电气工程技术、焊接技术与自动化、工业机器人技术等专业的力学应用实例，实现工程力学的基本概念和基础应用的结合，弱化理论推导和计算，侧重实际应用，融入安全意识、优化节约等素质目标，同时创新训练项目。

本书主要具有以下特点：

（1）本书依据"模块化学习"的要求，以学习成果为导向，每个"单元"都从"典型船舶实例"入手，引入实际问题，明确学习目标。

（2）本书将传统的"工程力学"的内容进行了较大的改革，经过系统调研、科学分析后，整合为三个模块：模块1为船舶构件基础力学问题分析，涵盖了静力分析基础学习、柴油机活塞连杆系统静力分析、船舶机械平衡计算、船舶稳定性分析、船舶动力系统运动与动力分析、柴油机活塞连杆系统综合分析；模块2为船舶构件承载能力分析，涵盖了构件承载能力的标准、船舶锚链承载能力分析、船体总纵强度分析、船用起重机吊臂失稳分析、船舶轴系承载能力分析、船用连接件承载能力分析；模块3为知识能力拓展，涵盖了曲轴失效简析、船用压力容器破坏分析、船舶机械振动简析。通过三个模块的学习，能够满足学生对基本技能的学习需求。

（3）书中每个学习任务均由船舶工程实例引入，对相应的工程实例进行专题分析解释，并配有部分项目测试的答案，以帮助学生加深对学习内容的理解，强化与工程实践的联系。

（4）本书在借鉴相关教材的基础上，对一些内容进行了改革。从船舶工程实例入手，

Foreword

分析、总结解决问题的方法,简化公式的推导过程,注重典型公式的实际应用。

(5)本书为有兴趣深入学习工程力学的学生做了相应的理论铺垫,在对典型工程实例进行分析解剖的同时,为学生提供了分析解决问题的思维方式。

(6)本书采用现行国家标准和法定计量单位进行编写,以使学生在学习相关知识的同时,学会应用并贯彻相关国家标准。

本书由渤海船舶职业学院孙方道担任主编并统稿,由渤海船舶职业学院高文涛、康晓华担任副主编,渤海船舶职业学院许健、蒙晓影、戴武和李冬梅参与编写。具体编写分工为:孙方道编写模块1,高文涛编写模块3中的单元3.3,康晓华编写模块2中的单元2.1和单元2.2,许健编写模块2中的单元2.3和单元2.4,蒙晓影编写模块3中的单元3.1,戴武编写模块2中的单元2.5和单元2.6,李冬梅编写模块3中的单元3.2。全书由渤海船舶职业学院张向阳主审,并提出了许多宝贵意见和建议,在此表示衷心感谢!

由于编者水平有限,加之模块化教学的经验仍不够成熟,书中难免存在不妥之处,敬请广大读者给予批评指正。特别希望使用本书的任课教师提出意见和建议,并及时反馈给我们,在此表示真诚的谢意。意见和建议请发至编者信箱:cxsfq@163.com。

编 者

目录

Contents

引 论 ··· 1
0.1 "船舶工程基础力学"内涵 ·· 1
0.2 船舶工程中的力学问题 ··· 1
0.3 "船舶工程基础力学"的研究内容 ·· 2

模块1 船舶构件基础力学问题分析 ··· 3
单元1.1 静力分析基础学习 ··· 3
单元1.2 柴油机活塞连杆系统静力分析 ··· 14
单元1.3 船舶机械平衡计算 ·· 24
单元1.4 船舶稳定性分析 ·· 31
单元1.5 船舶动力系统运动与动力分析 ·· 40
单元1.6 柴油机活塞连杆系统综合分析 ·· 53

模块2 船舶构件承载能力分析 ·· 63
单元2.1 构件承载能力的标准 ··· 63
单元2.2 船舶锚链承载能力分析 ··· 77
单元2.3 船体总纵强度分析 ··· 88
单元2.4 船用起重机吊臂失稳分析 ·· 103

单元2.5　船舶轴系承载能力分析 ……………………………………… 113

单元2.6　船用连接件承载能力分析 ……………………………………… 125

模块3　知识能力拓展　　　　　　　　　　　　　　　　　134

单元3.1　曲轴失效简析 …………………………………………………… 134

单元3.2　船用压力容器破坏分析 ………………………………………… 143

单元3.3　船舶机械振动简析 ……………………………………………… 149

部分单元测试答案　　　　　　　　　　　　　　　　　　　160

附　录　　　　　　　　　　　　　　　　　　　　　　　　164

参考文献　　　　　　　　　　　　　　　　　　　　　　　170

引 论

0.1 "船舶工程基础力学"内涵

力学是研究力对物体作用的学科。首先,力学是所有自然科学的主要部分。近代科学的发展发端于牛顿(Newton)对力学的阐述,牛顿在建立经典力学过程中创造的现代自然科学方法论不仅奠定了科学大厦的基础,而且始终贯穿整个自然科学的研究,指导着各门自然科学的发展。其次,力学是众多应用科学特别是工程科学的基础,也是人类改造自然的工具。当代许多重要工程技术,如宇航工程、土木工程、机械工程、海洋工程等都是以力学为基础的,在这些工程中遇到的许多重大技术难题都是力学问题。因此,力学已从基础学科发展成为以工程技术为背景的应用基础学科,当今几乎所有的工程技术领域都离不开力学,它已渗透到工程技术的各个领域。

"工程力学"(Engineering Mechanics)涵盖众多力学学科分支与广泛工科技术学科,是一门理论性较强、与工程技术联系极为密切的技术基础学科。工程力学的定理、定律和结论广泛应用于各行各业的工程技术,是解决工程实际问题的重要基础。

船舶工程中涉及的力学问题比较复杂,对船舶受力情况进行综合分析、准确计算,对保证船舶安全、提高船舶使用寿命具有重要的作用。

0.2 船舶工程中的力学问题

各种机械都是由若干个基本的零部件按照一定规律组成的,当机械工作时,组成机械的各个构件都要受到外力的作用。船舶工程也不例外,经常会遇到各种各样的力学问题,如甲板吊货设备的力学计算、船舶的配载、船舶旋回性能分析、船舶冲程的计算、船舶摇摆分析等。

在荷载的作用下,构件可能平衡,也可能运动状态发生变化,同时,构件将产生一定的变形。构件是由一定的材料制成的,若受到的荷载超过材料的承受能力,就会使构件产生过大的变形或因断裂而破坏。如船用锚链,若荷载过大而发生断裂,则整个锚链将无法使用,如图0-1所示;若船舶轴系变形过大,则将使传动不平稳产生很大的震动,从而影响船舶的正常航行,如图0-2所示。又如柴油机的挺杆、船用吊杆的液压杆,当轴

图 0-1

向荷载超过一定的限度时，就会突然弯曲甚至折断，如图 0-3 及图 0-4 所示。以上就是构件的强度、刚度及稳定性问题。因此，为保证机械安全、正常工作，要求机械的任何一个构件都具有足够的承受荷载的能力，简称**承载能力**。

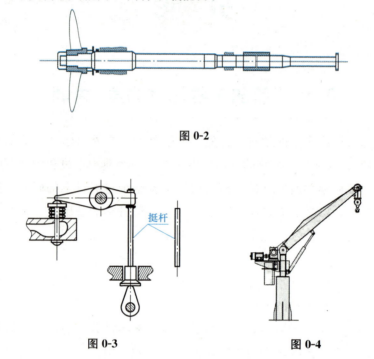

图 0-2

图 0-3　　　　　　图 0-4

0.3　"船舶工程基础力学"的研究内容

"船舶工程基础力学"的研究内容与"工程力学"相类似，研究对象以船舶工程相关为主，主要研究物体机械运动规律及构件（以船舶类为主）承载能力的分析。其研究内容包括以下三个部分：

(1) 静力分析。平衡是机械运动的特殊形式，研究物体的受力与平衡规律及这些规律在工作中的应用，它是静力分析部分要完成的主要任务。

(2) 构件承载能力分析。以船舶类构件为主，构件承载能力分析的主要任务是研究物体在外力作用下的变形、受力和破坏规律，从而为合理设计构件提供计算方法。

(3) 运动与动力分析。运动与动力分析的主要任务是研究物体的运动规律，分析物体产生运动的原因，建立物体运动与作用在物体上的力的相互关系。

总之，"船舶工程基础力学"就是要为设计工程构件提供一套行之有效的基础理论分析和计算方法；而船舶工程基础力学则是面向船舶工程中出现的力学问题，有针对性地分析、解决实际问题。

模块 1　船舶构件基础力学问题分析

学习目标

学习工程力学的基本知识,进行构件的受力分析、力系平衡方程的建立、单个构件和物体系统平衡问题的分析、船舶构件的平衡分析;学习运动与动力分析的解决方案,解决船舶工程实际中的运动与动力分析问题。

完成柴油机活塞连杆系统静力分析、船用重机的平衡计算、船舶稳定性分析、船舶轴系传动的动力、传动系统的运动与动力分析。

知识要点

(1) 力与力系、荷载、构件、刚体、平衡;
(2) 静力学基本公理及推论;
(3) 力的投影、力对点之矩、力对轴之矩、力偶及其性质、力的平移定理;
(4) 构件受力分析;
(5) 合理投影定理、力系的合成过程、主矢量、主矩;
(6) 平面力系平衡方程、空间力系平衡方程及应用;
(7) 重心、形心及平面图形的形心求解;
(8) 点的运动、刚体的基本运动;
(9) 质点动力学基础。

单元 1.1　静力分析基础学习

学习目标

力系、荷载、构件、刚体、平衡的学习;静力学基本公理及推论的学习;力的投影、力对点之矩、力对轴之矩的学习;力偶及其性质的学习;力的平移定理的学习。

任务分析

还记得儿时的玩具吗?其中有一种名叫平衡鹰的玩具(也叫作平衡老鹰或金字塔平衡

鹰），它是一种塑料摆件，如图1-1所示，老鹰具有尖尖的嘴尖、向前展开的两个对称的翅膀和向后翘起的尾部。将老鹰嘴尖放在手指尖上，轻轻动一下老鹰，老鹰便像不倒翁一样，在手指尖上摇晃而不掉落，直到完全静止。

老鹰不掉落的原因就在老鹰向前展开的两个对称的翅膀上，在两个翅膀的尖部配有一定质量的配重，这样就使得老鹰的重心在支点（鹰嘴）之下，支点向上的支持力与老鹰的重力处于稳定的平衡状态。

图 1-1

任务实施

1.1.1 力与力系基本概念的学习

1. 力的定义与力的效应

力是物体之间相互机械作用。力有三要素，即力的大小、力的方向和力的作用点。力是矢量，力的单位是牛顿，简称牛，符号为 N。

作用在物体上的力，一是可以引起物体运动状态变化或速度变化，称为力的"**外效应**"或"**运动效应**"；二是可以引起物体形状改变，称为"**内效应**"或"**变形效应**"。

力的"运动效应"与"变形效应"均与力的三要素有关。力的三要素中任何一个要素改变，都会引起力对物体作用效应的改变。两个力相互等效的条件是这两个力的三要素均相同。

2. 分布荷载与集中力

按作用范围可以将作用在物体上的力分为以下几类：

(1) **体分布力**：作用在物体内所有质点上的力，单位是 N/m^3 或 kN/m^3；

(2) **面分布力**：作用于物体表面的力，单位是 N/m^2 或 kN/m^2；

(3) **线分布力**：沿某一面积或长度连续作用于构件的力，单位是 N/m 或 kN/m；

(4) **集中力**：作用于某一点的力，单位是 N 或 kN。

3. 力系及其分类

作用在同一物体上的若干力所组成的系统，称为**力系**。若组成力系各力的作用线都处于同一平面内，则称为**平面力系**；若组成力系各力的作用线不完全在同一平面内，则称为**空间力系**。平面力系和空间力系均可分为**汇交力系**、**平行力系**和**任意力系**。汇交力系是指组成力系各力的作用线完全汇交到同一点的力系；平行力系是指组成力系各力的作用线完全相互平行的力系；任意力系是指组成力系各力的作用线既不完全汇交到同一点，也不完全相互平行的力系。

如果一个力对物体的作用效应与一个力系对同一物体的作用效应相同，则可以将这个力称为该力系的**合力**；组成该力系的各力称为该力系的**分力**。合力可以代替原力系对物体的作用。

如果作用在一物体上的力系可以用另一力系代替，而不改变对物体的作用效应，则这两个力系互为**等效力系**。

1.1.2 静力学基本公理及推论的学习

刚体。刚体是指在任何外力作用下，大小和形状始终保持不变的物体。对于刚体，只会出现运动效应，而对于变形固体，既会出现运动效应也会出现变形效应。

平衡。平衡是指物体相对于参考系保持静止或匀速直线运动状态。刚体不是在任何力系作用下都能处于平衡状态，只有构成力系的所有力满足一定条件时，刚体才能实现平衡，这个条件称为**平衡条件**。能够使刚体保持平衡的力系，称为**平衡力系**。

公理 1：二力平衡公理

作用在刚体上两个力平衡的必要与充分条件：两个力大小相等、方向相反并且作用在同一直线上，称为**二力平衡公理**。

对于变形固体来说，这个条件仅是必要的，却不是充分的。

在机械或结构中凡只受两个力作用处于平衡状态的构件，称为**二力构件**（或二力杆）。二力构件上的力必须满足二力平衡条件。

公理 2：加减平衡力系公理

在已知力系上加上或者减去任意平衡力系，不会改变原力系对刚体的效应。

需要指出的是，这里的"不改变原力系对刚体的效应"对于变形效应是不成立的。

推论 1：力的可传性原理

作用在刚体上的某点的力，可沿其作用线滑移到该刚体上任一点，而不会改变力对刚体的作用效应，即力的**可传性原理**（也称力的**滑移性**）。

学习笔记：

力的可传性只是对刚体才成立。力在滑移时，只能在同一刚体内滑移，切不可将力由一个刚体滑移到另一个刚体上。对于刚体，力是滑移矢量；而对于物体，力是定点矢量。

公理 3：力的平行四边形法则

两个共点力合成时，以表示这两个力矢量的线段为邻边作平行四边形，所得平行四边形的对角线就表示该两个力的合力的大小和方向，这称为力的平行四边形法则。

推论 2：三力平衡汇交原理

作用在一个刚体上三个互不平行的力达到平衡状态的**必要条件**：此三个力一定汇交到同一点，即**三力平衡汇交原理**。受到三个力的作用且处于平衡状态的构件可称为**三力构件**。

公理 4：作用与反作用定律

作用力与反作用力总是同时存在，两个力的大小相等、方向相反、沿同一直线，分别作用在两个相互作用的物体上。

1.1.3　力的投影与分解的学习

1. 平面力的投影与分解

如图 1-2 所示，作用于平面直角坐标系中的力是 F。F_x、F_y 是 F 沿 x、y 轴方向的投影，$\boldsymbol{F}_x$、$\boldsymbol{F}_y$ 是 $\boldsymbol{F}$ 沿 x、y 轴方向的分力；分力 $\boldsymbol{F}_x$、$\boldsymbol{F}_y$ 的值分别与力 $\boldsymbol{F}$ 在同轴上的投影 F_x、F_y 相等，但分力 $\boldsymbol{F}_x$、$\boldsymbol{F}_y$ 是矢量，作用于 A 点；投影是代数量，在坐标轴上，投影方向与坐标轴正向相同时为正，相反时为负。

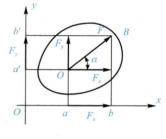

图 1-2

若已知力 F 的大小及其与 x 轴所夹锐角 α，则有

$$\left. \begin{array}{l} F_x = F\cos\alpha \\ F_y = F\sin\alpha \end{array} \right\} \qquad (1-1)$$

若已知 F_x、F_y，同理可求出力 F 的大小和方向，即

$$\left. \begin{array}{l} F = \sqrt{F_x^2 + F_y^2} \\ \tan\alpha = \left| \dfrac{F_y}{F_x} \right| \end{array} \right\} \qquad (1-2)$$

【实例分析 1-1】 已知：$F_1 = 200\ \text{N}$，$F_2 = 150\ \text{N}$，$F_3 = 200\ \text{N}$，$F_4 = 100\ \text{N}$，各力的方向如图 1-3 所示。试求各力在 x、y 轴上的投影。

解：由式 (1-1) 可知

$$\left. \begin{array}{l} F_{1x} = -F_1 \times \cos 30° = -200 \times \dfrac{\sqrt{3}}{2} = -100\sqrt{3}\ (\text{N}) \\ F_{1y} = -F_1 \times \sin 30° = -200 \times \dfrac{1}{2} = -100\ (\text{N}) \\ F_{2x} = F_2 \times \cos 90° = 150 \times 0 = 0\ (\text{N}) \\ F_{2y} = -F_2 \times \sin 90° = -150 \times 1 = -150\ (\text{N}) \end{array} \right\}$$

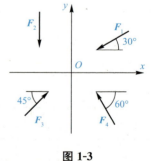

图 1-3

$$F_{3x} = F_3 \times \cos45° = 200 \times \frac{\sqrt{2}}{2} = 100\sqrt{2} \text{ (N)} \left.\begin{matrix}\\\\\end{matrix}\right\}$$

$$F_{3y} = F_3 \times \sin45° = 200 \times \frac{\sqrt{2}}{2} = 100\sqrt{2} \text{ (N)}$$

$$F_{4x} = -F_4 \times \cos60° = -100 \times \frac{1}{2} = -50 \text{ (N)} \left.\begin{matrix}\\\\\end{matrix}\right\}$$

$$F_{4y} = F_4 \times \sin60° = 100 \times \frac{\sqrt{3}}{2} = 50\sqrt{3} \text{ (N)}$$

2. 空间力的投影与分解

如图 1-4(a)所示，若已知力 F 与三个坐标轴 x、y、z 的夹角分别为 α、β、γ 时，则 F 在三个坐标轴上的投影分别为

$$\left.\begin{matrix} F_x = F\cos\alpha \\ F_y = F\cos\beta \\ F_z = F\cos\gamma \end{matrix}\right\} \tag{1-3}$$

这种方法称为**直接投影法**或**一次投影法**。

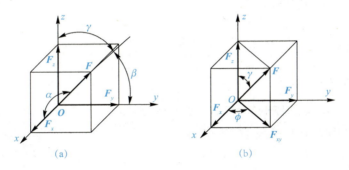

图 1-4

学习笔记：

当空间力 F 与某坐标轴(如 z 轴)的夹角 γ 及力在垂直于此轴的坐标面(Oxy 面)上的投影与另一坐标轴(x 轴)的夹角 φ 已知时，可先将力 F 投影到该坐标面内，然后将力向其他坐标轴上投影，这种投影方法称作**二次投影法**。如图 1-4(b)所示，力 F 在三个坐标轴上的投影为

$$\left.\begin{aligned} F_x &= F\sin\gamma\cos\varphi \\ F_y &= F\sin\gamma\sin\varphi \\ F_z &= F\cos\gamma \end{aligned}\right\}$$

当已知力 F 在三个坐标轴上的投影时，可求出力 F 的大小和方向，即

$$F = \sqrt{F_x^2 + F_y^2 + F_z^2} \tag{1-4}$$

$$\left.\begin{aligned} \cos\alpha &= \frac{F_x}{F} \\ \cos\beta &= \frac{F_y}{F} \\ \cos\gamma &= \frac{F_z}{F} \end{aligned}\right\} \tag{1-5}$$

1.1.4 力矩与力偶的学习

1.1.4.1 力矩

1. 平面力对点之矩

如图 1-5 所示，力对物体的转动效应可用物理量**力矩**来表示，它是力 F 使物体沿点 O 转动效应的度量，记为

$$M_O(\boldsymbol{F}) = \pm F \cdot d \tag{1-6}$$

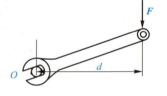

图 1-5

学习笔记：

O 点称为矩心；d 为力臂；M_O 为矩，单位为 N·m 或 kN·m。绕矩心逆时针转动为正；反之为负。

由力矩的定义和式(1-6)可知，当力的作用线通过矩心时，力臂值为零，则力矩值为零；当力的大小为零时，力矩值为零；力沿其作用线滑移时，不会改变力矩的值，因为此时没有改变力和力臂的大小及力矩的转向。

2. 空间力对轴之矩

如图 1-6 所示，一个空间力对某一轴之矩就是该力在与轴垂直的平面上的分力对该轴与垂直平面交点之矩，即

$$m_z(\boldsymbol{F})=m_z(\boldsymbol{F}_{xy})=m_O(\boldsymbol{F}_{xy})=\pm F_{xy} \cdot d \tag{1-7}$$

力对轴之矩是代数量，其正负号表示转向，按右手螺旋定则来判定：右手握拳，四指与转向一致，此时若拇指方向与坐标轴正向一致，则力对轴之矩为正；反之为负。

力对轴之矩的单位与力对点之矩的单位相同。

根据上述定义，可以得出的结论是：当力的作用线与轴线相交时，即 $d=0$，力对轴之矩等于零；当力的作用线与轴线平行时，即 $F_{xy}=0$，力对轴之矩等于零，即**与轴共面的力，对该轴之矩为零**。

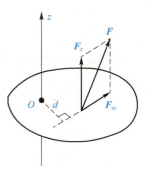

图 1-6

1.1.4.2 平面力偶

1. 力偶的基本概念

如图 1-7 所示，一对大小相等、方向相反但不在同一直线上的平行力称为**力偶**。力偶的作用使物体产生单纯转动运动。

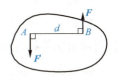

图 1-7

学习笔记：

力偶中两力作用线所确定的平面称为"**力偶作用面**";两力作用线之间的垂直距离 d 称为**力偶臂**。

F 与 d 的乘积及其正、负号作为量度力偶在其作用面内对物体转动效应的物理量,称为**力偶矩**,记作 $m(\boldsymbol{F},\boldsymbol{F'})$ 或 m,即

$$m(\boldsymbol{F},\boldsymbol{F'})=\pm F \cdot d \tag{1-8}$$

逆时针转向的力偶为正;顺时针转向的力偶为负。力偶矩的单位与力矩的单位相同,为 N·m 或 kN·m。

2. 力偶的三要素

力偶和力都是力学中的基本量。与力的三要素相类似,力偶对物体的作用效应,也取决于力偶的三要素,即力偶矩的大小、力偶的转向、力偶作用面的方位。

三要素相同的力偶,彼此等效,可以相互替换。

3. 力偶的性质

性质 1:力偶无合力。

性质 2:力偶对其作用面内任意点的力矩值恒等于此力偶的力偶矩,与该点(矩心)在平面内的位置无关。

性质 3:作用在同一平面内的两个力偶,若两者的力偶矩大小相等且转向相同,则两个力偶对刚体的作用等效。

由此得出以下两个推论:

推论 1:只要保持力偶矩的大小和转向不变,力偶可以在其作用面内任意移动,而不改变其对刚体的作用效应。也可以说,对于刚体来说,力偶在其作用面内是移动矢量。

推论 2:只要保持力偶矩的大小和转向不变,可以同时改变力偶中力的大小和力偶臂的大小,而不改变力偶对刚体的作用效应。

学习笔记:

1.1.5 力的平移定理

一个不受其他约束的刚体，只有通过其质心的力，才会使刚体产生单纯移动；否则，刚体就会一边移动一边转动。

如图 1-8(a)所示，C 点为刚体质心，A 点作用有力 F，根据加减平衡力系公理可知：若在 C 点加一对大小等于 F 力值、作用线与 F 平行的平衡力 F'、F''，则刚体状态不变，如图 1-8(b)示。

F 与 F' 可以构成一对力偶，且力偶矩值等于原力 F 对 C 点之矩，即 $M = m_C(F) = F \cdot d$，这个力偶通常称为**附加力偶**。

于是，原来作用在 A 点的力 F 就与作用在质心 C 点的力 F'' 及附加力偶 M 的联合作用等效，如图 1-8(c)所示。这就是刚体边移动边转动的原因。

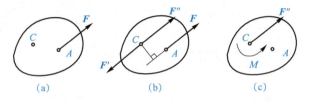

图 1-8

上述结果可以推广为一般结论：作用在刚体上的力可以向平面内任意点平移，平移后除有一平移力外，还会产生一个附加力偶，附加力偶的力偶矩值等于力在原位置对平移点的力矩。也就是说，平移前的一个力对刚体的效应，与平移后的一个平移力和一个力偶对刚体的联合效应等效，这就是**力的平移定理**（即力的平移性）。

学习笔记：

三力平衡汇交原理的拓展

如图1-9所示，刚体上作用于A、B两点的不平行的两个力F_1、F_2总会相交于一个作用点O。根据力的可传递性，可将此二力移至O点，再根据力的平行四边形法则，可知此二力的合力R必在此平面内，且通过O点。此时，若刚体上恰有一力F_3，其大小与R相等，方向与R相反，且与R共线，则根据二力平衡条件可知，刚体处于平衡状态，如图1-10所示。可见，当刚体受同一平面内互不平行的三个力作用而平衡时，此三力的作用线必交汇于一点。

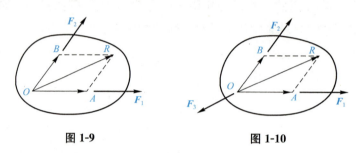

图1-9　　　　　　　　图1-10

应注意，前述内容强调的是在三个力作用下达到平衡时，此三力的作用线才汇交于一点。如果是一个刚体受同一平面内"三个汇交于一点的力"的作用，那么刚体是不一定能达到平衡的。

另外，作用在一个刚体上三个互不平行的力达到平衡状态，则此三个力一定汇交到同一点。但是三个完全相互平行的力作用在同一刚体上也可达到平衡状态，但是三个力并没有交点。

单元测试

(1) 力对物体的作用效应取决于力的大小、方向和_____。

(2) 在力的作用下大小和形状都保持不变的物体，称为_____。

(3) 力使物体机械运动状态发生改变，这一作用称为力的_____。

(4) 在两个力作用下处于平衡的物体称为_____。

(5) 作用在一个刚体上三个互不平行的力达到平衡状态，则此三力_____。

(6) 力沿坐标轴方向的分力是_____，而力在坐标轴上的投影是_____。

(7) 力矩是度量力使物体产生_____效应的物理量。

(8) 当力的作用线通过矩心时，力臂值为_____，则力矩值为_____；当力的大小为零时，力矩值为零。

(9) 力沿其作用线滑移时，不会改变力矩的值，因为此时没有改变_____和

_____的大小及力矩的转向。

(10)空间力与轴共面的力,对该轴之矩为_____。

(11)力偶由一对_____、_____、_____的平行力构成。

(12)力偶对其作用面内任意点的力矩值恒等于_____,与该点(矩心)在平面内的位置无关。

(13)作用在同一平面内的两个力偶,若两者的_____相等且_____相同,则两个力偶对刚体的作用等效。

(14)作用在刚体上的某点的力,可沿其作用线_____,而不会改变力对刚体的作用效应。

(15)作用在刚体上的力可以向平面内任意点平移,平移后除_____外,还会产生一个附加力偶,附加力偶的力偶矩值_____。

学习笔记:

单元 1.2　柴油机活塞连杆系统静力分析

📚 学习目标

工程常见约束的学习、工程实际结构简化的学习及构件受力分析的学习；完成柴油机活塞连杆系统的静力分析。

🧰 任务分析

如图 1-11 所示，柴油机（Diesel Engine）的活塞（Piston）连杆（Connecting Rod）组在工作时，活塞上受到多个力的作用。它们如何实现机械运动，并将活塞上承受的力传递至曲轴，并推动曲轴旋转？这个系统的力学模型如何建立？运用静力学的基本知识如何进行受力分析？这些都是要研究的内容。

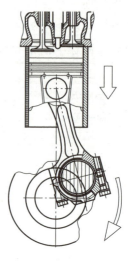

图 1-11

⌨ 任务实施

1.2.1　柴油机活塞连杆组件简介

柴油发动机是通过燃烧柴油来获取能量释放的发动机。它是由德国发明家鲁道夫·狄塞尔（Rudolf Diesel）于 1892 年发明的，为了纪念这位发明家，柴油就是用他的姓 Diesel 来表示的，而柴油发动机也称为狄塞尔发动机（Diesel Engine）。

如图 1-12 所示，柴油机曲柄连杆机构的主要零件可分为机体组、活塞连杆组和曲轴飞轮组三部分。

曲柄连杆机构是柴油机实现工作循环、完成能量转换的传动机构，它用来传递力和改变运动

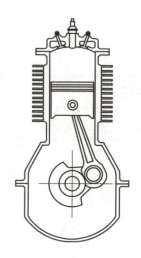

图 1-12

方式。在工作中，曲柄连杆机构在做功行程中将活塞的往复直线运动转变成曲轴的旋转运动，对外输出动力，而在其他三个行程（进气、压缩、排气行程）中又将曲轴的旋转运动转变成活塞的往复直线运动。总的来说，曲柄连杆机构是发动机借以产生并传递动力的机构。通过它将燃料燃烧后发出的热能转变为机械能。

1.2.2 工程常见约束受力分析

各类机械和工程结构中的每个零件和构件,都是相互联系而又相互制约的,它们之间存在着相互作用的力,所以,在工程中解决一般的力学问题时,都必须首先对零件、构件的受力情况进行分析。

1.2.2.1 自由体与非自由体、约束与约束反力

1. 自由体与非自由体

不受任何限制,可以向任一方向自由运动的物体,称为**自由体**;受到其他物体的限制,不能做任意运动(或沿着某些方向不能产生运动)的物体,称为**非自由体**。

2. 约束与约束反力

限制非自由体运动的物体称为被限制物体的"约束"。使物体产生运动或运动趋势的力称为**主动力**。受主动力作用的物体就会给约束一定的作用力,同时,约束也会给物体一个大小相等、方向相反的反作用力,这种力称为**约束反力**,简称**约束力**或**反力**。

1.2.2.2 工程常见约束模型的分析

1. 柔性体约束

由绳索、链条、皮带或胶带等非刚性体形成的约束,称为**柔性体约束**。柔性体约束的约束反力的方向沿着约束的轴线且背离被约束物体。柔性体约束的约束反力常用 T 表示,如图 1-13 所示。

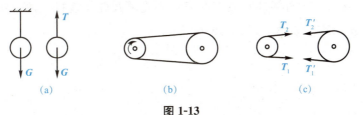

图 1-13

学习笔记:

2. 光滑面约束

实际工程中的刚性约束，其接触面大多数为光滑面（表面光洁程度高、润滑较好，摩擦力可以忽略不计）构成的约束，称为**光滑面约束**。无论是平面还是曲面，这类约束都只能限制沿接触面公法线方向、向着约束体内方向的运动。因此，光滑面约束对被约束事物的约束反力的方向应沿接触面公法线且指向被约束物体。光滑面约束的约束反力常用 N 表示。

图 1-14(a)所示为点接触，A 为接触点，N 为约束反力；图 1-14(b)所示为线接触，可将接触线段的中点 A 视为接触点，约束反力 N 作用于 A 点；图 1-14(c)所示为面接触，可将接触面的形心位置视为接触点，约束反力 N 作用于接触面形心位置 A 处。

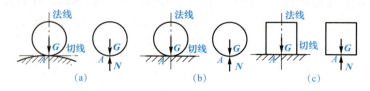

图 1-14

3. 圆柱铰链约束

圆柱铰链约束的共同特点是两个物体用光滑圆柱体（如销钉）相连接，两者都可以绕光滑圆柱体自由转动，但对所连接物体的移动形成约束，如图 1-15 所示。

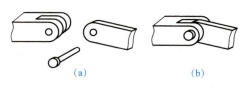

图 1-15

（1）固定铰支座约束。如果圆柱铰链约束中用光滑圆柱体连接的两个物体有一个固定，称之为**固定铰支座约束**，如图 1-16(a)(b)(c)所示。

学习笔记：

固定铰支座约束实质上仍然是光滑面约束，但是在外力未确定时接触点的位置是不确定的，所以，其约束反力的方向不确定，通常用通过铰链中心两个互相垂直的分力来表示，并记为 R_x、R_y，如图 1-16(d)所示。图 1-16(e)所示为三种常见的固定铰支座约束的简单记法。

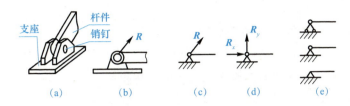

图 1-16

(2)中间铰。如图 1-17(a)所示，圆柱铰链约束中用光滑圆柱体连接的两个物体都不是完全固定的，称之为**中间铰**。图 1-17(b)所示为中间铰的简单记法。

中间铰与固定铰支座约束形式很相似，也只有一个不确定方向的约束力，故也用通过铰链中心的两个垂直的分力来表示，并记为 R_x、R_y，如图 1-17(c)所示。

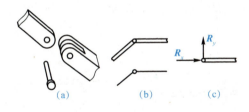

图 1-17

学习笔记：

(3)活动铰支座约束。**活动铰支座约束**又称为辊轴约束或辊轴支座。其实质是光滑面与光滑圆柱约束的复合约束。可以形象地将这种约束理解为在固定铰链支座的座体与支承中间加装了滚轮。其简化结构如图 1-18(a)所示。

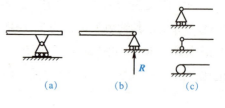

图 1-18

当接触面光滑时,这种约束只能限制垂直于支承面的运动,因而,只有垂直于支承面并通过铰链中心的约束力,如图 1-18(b)所示,记为 **R**。图 1-18(c)所示为三种常用活动铰支座约束的简单记法。

4. 固定端约束

物体的一部分嵌固于另一物体所构成的约束,称为**固定端约束**。这种约束不仅限制物体在约束处沿任何方向的移动,还限制物体在约束处的转动。例如,建筑中的阳台、跳水比赛中的跳板等都是受固定端约束的实例。固定端约束的力学模型如图 1-19(a)所示。

固定端约束的反力为一个作用在梁 A 点的约束反力和一个力偶矩为 m_A 的约束反力偶。约束反力一般用两个正交分力 R_{Ax} 和 R_{Ay} 来代替,如图 1-19(c)所示。约束反力 R_{Ax}、R_{Ay} 限制梁的移动,约束反力偶 m_A 则限制梁绕 A 点的转动。固定端约束还可以更简单地表示为图 1-19(d)所示的形式。

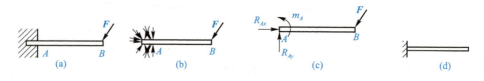

图 1-19

学习笔记:

1.2.3 柴油机活塞连杆系统受力分析

实际工程中的构件或零件上的作用力一般可以分为两类：一是主动力；二是约束力。

为了正确进行受力分析，必须将研究对象的约束全部解除，并将其从周围物体中分离出来。这种解除了约束并被分离出来的研究对象，称为**分离体**。

将分离体所受的主动力和约束力都用力矢量标注在分离体相应的位置上，就得到了分离体的受力图。其步骤如下：

(1)确定研究对象，解除约束做出分离体；

(2)在分离体上画出全部主动力；

(3)在分离体上解除约束处，画出全部约束反力。

图 1-20 所示为一船用柴油机。要想对其活塞连杆系统进行力学分析(图 1-21)，必须将该系统抽象为机构简图。汽缸与活塞简化为滑块 B、连杆简化为杆 AB、曲轴简化为杆 OA(为了方便，将其旋转 $90°$，如图 1-22 所示)，即简化为曲柄滑块机构。

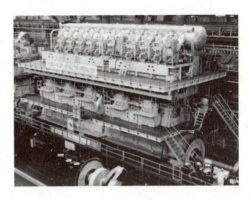

图 1-20

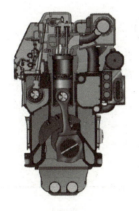

图 1-21

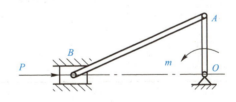

图 1-22

该系统由三个主要构件组成，包括汽缸与活塞 B、连杆 AB 和曲轴 OA。对系统分离出的三个构件分别进行受力分析，如图 1-23 所示。

(1)画上主动力(已知力)：滑块 B 上的力 P、曲轴 OA 上的力偶 m。

(2)连杆 AB 为二力构件，A、B 两点受力一定沿 AB 连线方向。根据系统运动分析，得出 AB 杆受压，所以，可画出 A、B 两点受力 R_A、R_B，如图 1-23(b)所示。

(3)滑块 B 受 R_B 的反作用力 R'_B 的作用，在这两个力的作用下活塞下部和缸壁接触，约束类型为光滑面约束，所以可画出约束反力 N。注意滑块 B 在这三个力的作用下处于平衡状态，满足三力平衡汇交原理，所以，三个力的作用线要汇交于一点。

(4)曲轴 OA 的 A 点受连杆 AB 上 A 点的反作用，可画出 R_A 的反作用力 R'_A。O 点为固定铰链约束，约束反力用一对正交分力 R_{Ox}、R_{Oy} 来表示，如图 1-23(c)所示。

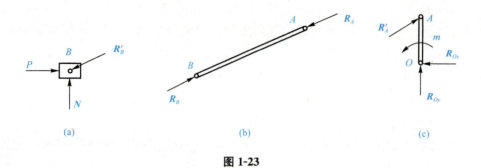

图 1-23

能力拓展

【**实例分析 1-2**】 一重力为 G 的球，用绳挂在光滑的铅直墙上，如图 1-24(a)所示。试画出此球的受力图。

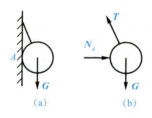

图 1-24

学习笔记：

解：（1）以球为研究对象并画出分离体，如图 1-24(b)所示，解除了绳和墙的约束。

（2）画出主动力 G。

（3）画出全部约束反力：绳的约束反力 T 和光滑面约束反力 N_A。

【**实例分析 1-3**】 梁 AB，A 端为固定铰链支座，B 端为活动铰链支座，梁中点 C 受主动力 F 的作用，如图 1-25(a)所示，梁重不计。试分析梁的受力情况。

解：（1）以梁 AB 为研究对象并画出分离体，如图 1-25(b)所示。

（2）画出主动力 F。

（3）画出约束反力。活动铰链支座的约束反力 R_B 铅垂向上且通过铰链中心。固定铰链支座的约束反力方向不定，但可以用大小未知的水平分力 R_{Ax}、R_{Ay} 表示，如图 1-25(b)所示。一般 R_{Ax} 和 R_{Ay} 的指向都假设和坐标轴的正向相同。

固定铰链支座的约束反力也可用一个大小、方向均未知的力 R_A 表示，因梁 AB 受同平面内的三力作用而平衡，故根据三力平衡汇交定理，R_A 的方向极易确定。延长 R_A 和力 F 的作用线交于 D 点，梁平衡时，R_A 必在 AD 连线上，如图 1-25(c)所示。

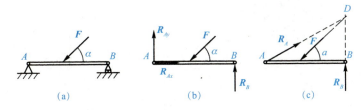

图 1-25

当研究的问题是由几个物体组成的一个系统时，则称其为物体系或物系。下面举例说明物系受力图的画法。

学习笔记：

【**实例分析 1-4**】 如图 1-26(a)所示,三铰拱桥由左、右两半拱铰接而成。设各半拱自重不计,在半拱 AC 上作用有荷载 **F**。试分别画出半拱 BC 和 AC 的受力图。

解:(1)画出半拱 BC 的受力图,如图 1-26(b)所示。

1)以半拱 BC 为研究对象并画出分离体。

2)半拱 BC 上无主动力,不能画出。

3)半拱 BC 只在 B、C 处受到铰链的约束反力 S_B 和 S_C 的作用。根据光滑铰链的性质,这两个约束反力必定通过铰链 B、C 的中心,方向暂时不能确定。根据二力平衡公理,半拱 BC 只在 S_B 和 S_C 两个力作用下处于平衡,这两个力必定等值、反向且共线。由此可确定 S_B 和 S_C 的作用线应沿 B 与 C 的连线。

(2)画出半拱 AC 的受力图,如图 1-26(c)所示。

1)以半拱 AC 为研究对象并画出分离体。

2)画出主动力 **F**。

3)画出约束反力:铰链 A 处的反力 N_{Ax}、N_{Ay};铰链 C 处可根据作用力与反作用力的关系画出 $S'_C = -S_C$。

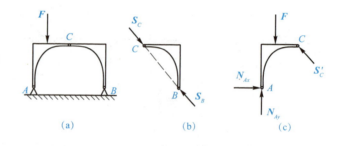

图 1-26

学习笔记:

(1)试画出图 1-27 所示 AB 杆的受力图。

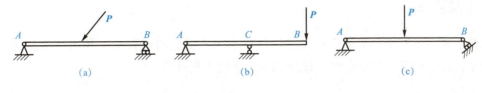

图 1-27

(2)试画出图 1-28 所示系统各构件的受力图。

(3)试画出图 1-29 所示系统各构件的受力图。

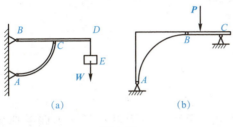 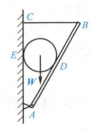

图 1-28　　　　　　　　图 1-29

学习笔记：

单元 1.3　船舶机械平衡计算

学习目标

掌握平面力系平衡相关知识；在实现任务 1.3.2 目标的过程中，利用所学知识，对柴油机活塞连杆系统进行平衡分析，最终完成对其的平衡计算。

任务分析

要想对柴油机活塞连杆系统进行静力平衡计算，首先要建立该设备的力学模型，其次对其完成受力分析，最后才能对其进行静力平衡计算；要想对构件进行平衡计算，就必须先了解静力平衡条件及与之相关的平衡方程。

任务实施

1.3.1　平面力系分析

平面力系有许多种形式，平面汇交力系、平面平行力系和平面力偶系都是平面力系的特殊形式。

1. 平面汇交力系的平衡

力系中各力作用线都汇交于一点的平面力系，称为**平面汇交力系**，如图 1-30 所示。

平面汇交力系合成的结果是作用在汇交点的一个合力，且合力的矢量等于各分力的矢量之和，即

$$R = F_1 + F_2 + F_3 + \cdots + F_n = \sum F \tag{1-9}$$

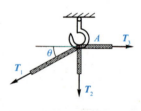

图 1-30

平面汇交力系平衡的充分及必要条件：该力系的合力等于零。其矢量表达形式为

$$R = \sum F = 0 \tag{1-10}$$

可以得出

$$\left.\begin{array}{l} \sum F_x = 0 \\ \sum F_y = 0 \end{array}\right\} \tag{1-11}$$

2. 平面平行力系的平衡

如图 1-31 所示，力系中各力不仅都处于同一平面内，而且所有力的作用线都相互平行，这样的力系称为**平面平行力系**。

$$\left.\begin{array}{l}\sum F_y = 0 (\text{或} \sum F_x = 0)\\ \sum m_O(\boldsymbol{F}) = 0\end{array}\right\} \quad (1\text{-}12)$$

附加条件：力系不垂直于 y 轴（或 x 轴）。

3. 平面力偶系的平衡

平面力偶系简化（或合成）的结果是一个力偶，且合力偶的力偶矩应等于组成力偶系各个力偶的力偶矩的代数和，即

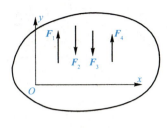

图 1-31

$$M = m_1 + m_2 + m_3 + \cdots + m_n = \sum m \quad (1\text{-}13)$$

平面力偶系平衡的充分及必要条件：力偶系中各个分力偶矩的代数和等于零，即

$$\sum m = 0 \quad (1\text{-}14)$$

4. 平面任意力系的平衡

(1) 平面任意力系的简化（合成）。如图 1-32(a) 所示为一平面任意力系，在平面内任意取一点 O，再将力系中的各力平移到 O 点，点 O 称为**简化中心**。根据力的平移定理，各力移到 O 点后，必须相应增加一个附加力偶。

平面任意力系的作用效应可等效为两个力系作用效果，即**平面汇交力系**和**平面力偶系**联合作用效应，如图 1-32(b) 所示。简化后的平面汇交力系和平面力偶系可以分别合成为一个作用于简化中心的合力 $\boldsymbol{R}'$ 和一个合力偶 M_O，如图 1-32(c) 所示。

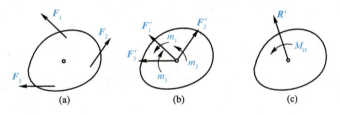

图 1-32

学习笔记：

若作用在刚体上，力系变为力的数目为 n 的平面任意力系，依据上述思路，可将上述结论推广为

$$R' = \sum_{i=1}^{n} F_i \tag{1-15}$$

$$M_O = \sum_{i=1}^{n} m_O(F_i) \tag{1-16}$$

得到结论：平面任意力系向任一点简化，其一般结果为作用在简化中心的一个主矢 R' 和一个作用在平面上的主矩 M_O。

(2) 平面力系的平衡条件及其应用。平面任意力系向任一点 O 简化，所得到的主矢和主矩同时等于零，则刚体处于平衡状态；反之，若某力系是平衡力系，则它向任意点简化的主矢和主矩也同时等于零。所以，平面任意力系平衡的必要和充分条件可以表示为

$$\left. \begin{array}{l} R' = 0 \\ M_O = \sum m_O(F) = 0 \end{array} \right\} \tag{1-17}$$

式(1-17)中，主矢 R' 是矢量，主矩 M_O 是代数量。

平面任意力系的平衡方程为

$$\left. \begin{array}{l} \sum F_x = 0 \\ \sum F_y = 0 \\ \sum m_O(F) = 0 \end{array} \right\} \tag{1-18}$$

式(1-18)说明，平面任意力系平衡的必要和充分条件：力系中各力在任何方向的坐标轴上投影的代数和为零，力系中各力对平面内任一点之矩的代数和同时等于零。

学习笔记：

1.3.2 柴油机活塞连杆与船用起重机吊臂平衡计算

工程中更多的是由两个或两个以上的物体以一定的约束方式连成一体的机器或结构，称为**物体系统**，简称**物系**。

若物系有 n 个物体组成，在平面问题中，对每个物体可列出不超出 3 个的独立平衡方程，整个物系就会列出不超过 $3n$ 个的独立平衡方程。若物系平衡问题中未知量数小于或等于能列出的独立平衡方程数时，问题为**静定问题**；否则，就属于**静不定**（或称**超静定**）问题。

1. 柴油机活塞连杆平衡计算

图 1-33(a)所示为柴油机机构简图，由轮、连杆 AB 和活塞 B 组成。A、B 两处为固定铰链连接，$OA=R$，$AB=L$，如忽略摩擦和物体的自重，当 OA 在水平位置压力为 P 时，试计算：

(1)作用在轮上的力偶矩 M 的大小；
(2)轴承 O 处的约束反力；
(3)连杆 AB 受的力；
(4)活塞给缸壁的侧压力。

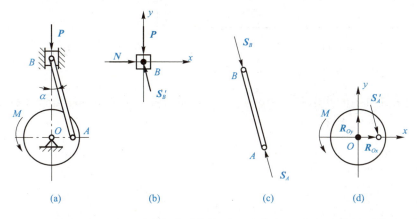

图 1-33

解：(1)以活塞为研究对象，受力为平面汇交力系，如图 1-33(b)所示。

$$\sum F_y = 0, -P + S'_B \cos\alpha = 0$$

解得

$$S'_B = \frac{P}{\cos\alpha} = \frac{Pl}{\sqrt{L^2 - R^2}}$$

$$\sum F_x = 0, N - S'_B \sin\alpha = 0$$

解得

$$N = P\tan\alpha = \frac{PR}{\sqrt{L^2 - R^2}}$$

(2)以轮为研究对象，如图 1-33(d)所示。

$$\sum m_O(\boldsymbol{F}) = 0, -S'_A \cos\alpha \cdot R + M = 0$$

解得
$$M = PR$$

$$\sum F_x = 0, R_{Ox} + S'_A \sin\alpha = 0$$

解得
$$R_{Ox} = -S'_A \sin\alpha = -P\tan\alpha = -\frac{PR}{\sqrt{L^2 - R^2}}$$

$$\sum F_y = 0, R_{Oy} + S'_A \cos\alpha = 0$$

解得
$$R_{Oy} = -S'_A \cos\alpha = -P$$

2. 船用起重机吊臂平衡计算

船用起重机结构简图如图 1-34 所示，在吊臂上端有变幅及起货钢索通向起重机塔身上部，并且具有水平变幅的性能，即吊臂变幅时，吊钩位置基本保持水平运动。通过对系统的分析，可以建立出力学模型，如图 1-35 所示。

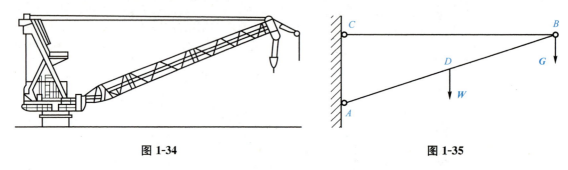

图 1-34　　　　　　　　　　图 1-35

请同学们结合所学的知识对图 1-34、图 1-35 船用起重机平衡问题进行分析，其中 W 为吊臂的自重，G 为起货质量。

学习笔记：

能力拓展

【实例分析 1-5】 梁 AB 一端固定、一端自由，如图 1-36(a)所示。梁上作用均布荷载，荷载集度为 q，在梁的自由端还受集中力 F 和力偶矩为 m 的力偶作用，梁的长度为 l。试求固定端 A 处的约束反力。

解：（1）取梁 AB 为研究对象并画出受力图，如图 1-36(b)所示。

（2）列平衡方程并求解。

$$\sum F_x = 0, N_{Ax} = 0$$

$$\sum F_y = 0, N_{Ay} - ql - F = 0$$

$$N_{Ay} = ql + F$$

$$\sum m_A(\boldsymbol{F}) = 0, m_A - ql \cdot \frac{l}{2} - Fl - m = 0$$

$$m_A = \frac{ql^2}{2} + Fl + m$$

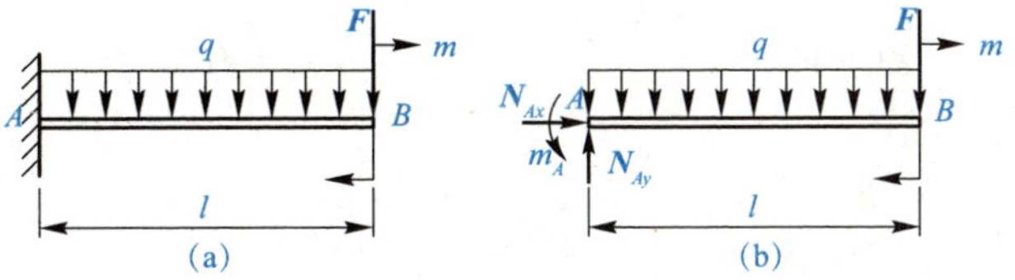

图 1-36

单元测试

（1）如图 1-37 所示，构件 C 处受力 $\boldsymbol{F}$ 作用。已知：$\boldsymbol{F}$、a、b、α。试求 $m_A(\boldsymbol{F})$、$m_B(\boldsymbol{F})$ 的值。

（2）如图 1-38 所示，已知 $F_1 = F_2 = 75 \text{ kN}$，$F_3 = F_4$，圆的直径 $D = 40 \text{ mm}$，圆处于平衡状态。试求 F_3 及 F_4 的大小。

（3）如图 1-39 所示，电动机轴通过联轴器与工作轴相连接，联轴器上四个螺栓 A、B、C、D 的孔心均匀分布在一圆周上，此圆的直径 $AC = BD = 15 \text{ mm}$，电动机轴传给联轴器的力偶矩 $m = 2.5 \text{ kN} \cdot \text{m}$。试求每个螺栓所受的力（设各螺栓所受的力相同）。

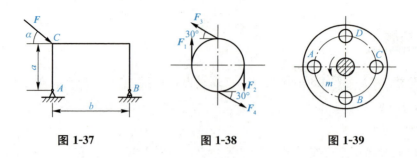

图 1-37　　　　　　图 1-38　　　　　　图 1-39

(4) 试计算图 1-40 所示支架中 A、C 处的约束反力。已知悬重 $G=10$ kN，自重不计。

(5) 已知 $P=1$ kN，$q=1$ kN/m，$m=1$ kN·m，$a=1$ m。试计算图 1-41 所示的支座反力。

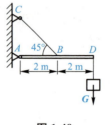
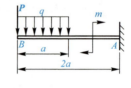

图 1-40　　　　　　　　图 1-41

学习笔记：

单元 1.4　船舶稳定性分析

学习目标

学习空间力系的合成方法，空间力系的平衡条件及平衡方程，物体重心的判定及平面图形形心求解方法。

通过本单元完成影响船舶稳定性的因素的学习，并完成船舶稳定性的简单分析。

任务分析

如图 1-42 所示，船舶在停泊或航行中，经常遇到风浪等各种外力的干扰，船舶平衡状态会被破坏。船舶在受到外力矩作用下发生倾斜，此时，具有适当稳定性的船舶会在浮力和自身重力的共同作用下，将产生复原力矩以抵消外力矩的作用以免倾斜继续扩大。当外力矩消除后，复原力矩使船舶（经过一定的周期性摇摆）恢复到原先的平衡位置。船舶的这种复原能力就是船舶稳定性问题。

图 1-42

任务实施

1.4.1　空间力系分析

在实际工程结构中，还有许多构件或机器零部件受力不在同一平面内，这些力组成的力系称为空间力系。

1. 空间力系的合成

（1）合力投影定理。空间汇交力系可以合成为一个合力，合力矢等于各分力矢的矢量和，其作用线通过汇交点。写成矢量表达式为

$$\boldsymbol{R} = \boldsymbol{F}_1 + \boldsymbol{F}_2 + \cdots + \boldsymbol{F}_n = \sum_{i=1}^{n} \boldsymbol{F}_i \tag{1-19}$$

根据合力投影定理，即**合力在某一轴上的投影等于各分力在同一轴上投影的代数和**。则

$$\left.\begin{aligned} R_x &= \sum F_x \\ R_y &= \sum F_y \\ R_z &= \sum F_z \end{aligned}\right\} \quad (1\text{-}20)$$

$$R = \sqrt{R_x^2 + R_y^2 + R_z^2} = \sqrt{\left(\sum F_x\right)^2 + \left(\sum F_y\right)^2 + \left(\sum F_z\right)^2} \quad (1\text{-}21)$$

$$\left.\begin{aligned} \cos\alpha &= \frac{\sum F_x}{R} \\ \cos\beta &= \frac{\sum F_y}{R} \\ \cos\gamma &= \frac{\sum F_z}{R} \end{aligned}\right\} \quad (1\text{-}22)$$

式中 α、β、γ 分别表示合力与 x、y、z 轴正向的夹角。

(2) 合力矩定理。如图 1-43 所示，力 **F** 对某轴（如 z 轴）的力矩，为力 **F** 在 x、y、z 三个坐标方向的分力 $\boldsymbol{F}_x$、$\boldsymbol{F}_y$、$\boldsymbol{F}_z$ 对同轴（z 轴）力矩的代数和，称之为**合力矩定理**。

$$m_z(\boldsymbol{F}) = m_z(\boldsymbol{F}_x) + m_z(\boldsymbol{F}_y) + m_z(\boldsymbol{F}_z) \quad (1\text{-}23)$$

因分力 $\boldsymbol{F}_z$ 平行于 z 轴，故 $m_z(\boldsymbol{F}_z) = 0$，于是

$$m_z(\boldsymbol{F}) = m_z(\boldsymbol{F}_x) + m_z(\boldsymbol{F}_y)$$

同理可得

$$m_x(\boldsymbol{F}) = m_x(\boldsymbol{F}_y) + m_x(\boldsymbol{F}_z)$$

$$m_y(\boldsymbol{F}) = m_y(\boldsymbol{F}_x) + m_y(\boldsymbol{F}_z)$$

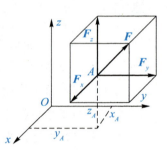

图 1-43

学习笔记：

力对轴之矩的解析表示式为

$$\left.\begin{aligned} m_x(\boldsymbol{F}) &= F_z \cdot y_A - F_y \cdot z_A \\ m_y(\boldsymbol{F}) &= F_x \cdot z_A - F_z \cdot x_A \\ m_z(\boldsymbol{F}) &= F_y \cdot x_A - F_x \cdot y_A \end{aligned}\right\} \tag{1-24}$$

应用式(1-24)时，分力 $\boldsymbol{F}_x$、$\boldsymbol{F}_y$、$\boldsymbol{F}_z$ 及坐标 x、y、z 均应考虑本身的正负号，所得力矩的正负号也将表明力矩绕轴的转向。

(3)空间力系的简化。空间力系也可以向任意一点简化，其简化结果也是一个主矢和一个主矩，即

$$\left.\begin{aligned} \boldsymbol{R}' &= \sum_{i=1}^n \boldsymbol{F}_i \\ \boldsymbol{M} &= \sum_{i=1}^n m_O(\boldsymbol{F}_i) \end{aligned}\right\} \tag{1-25}$$

空间力系的主矢与简化中心位置无关，主矩与简化中心位置有关。

2. 空间力系的平衡及其应用

当空间力系的简化结果主矢和主矩同时等于零时，该空间力系处于平衡状态。由此可推出，空间任意力系的平衡方程为

$$\left.\begin{aligned} \sum F_x &= 0 \\ \sum F_y &= 0 \\ \sum F_z &= 0 \\ \sum m_x(\boldsymbol{F}) &= 0 \\ \sum m_y(\boldsymbol{F}) &= 0 \\ \sum m_z(\boldsymbol{F}) &= 0 \end{aligned}\right\} \tag{1-26}$$

学习笔记：

式(1-26)说明，空间任意力系平衡的必要与充分条件是：**各力在三个坐标轴上的投影的代数和及各力对此三轴之矩的代数和同时等于零。**

1.4.2 物体重心与形心分析及求解

1. 重心与形心分析

重力就是地球对物体质量的引力。任何物体都可以看成无数质量微元的集合。每个微元所受的重力都垂直指向地面，这些力的作用线相互平行，组成**空间平行力系**，这个力系的合力即物体的重力。物体重力的作用点即物体的**重心**。

因此，确定物体的重心，实质上就是确定空间平行力系合力作用点的坐标。

设物体重心坐标为 x_C、y_C、z_C，如图 1-44 所示。将物体分成若干微元，其重力分别为 ΔW_1，ΔW_2，$\cdots$，ΔW_n，各力作用点的坐标分别为 (x_1, y_1, z_1)，(x_2, y_2, z_2)，$\cdots$，(x_n, y_n, z_n)。物体重力 W 的值为 $W = \sum \Delta W_i$。

根据合力矩定理，有

$$m_x(\boldsymbol{F}) = \sum m_x(\Delta W_i)$$

$$m_y(\boldsymbol{F}) = \sum m_y(\Delta W_i)$$

$$-y_C \cdot W = -\sum y_i \cdot \Delta W_i$$

$$x_C \cdot W = \sum x_i \cdot \Delta W_i$$

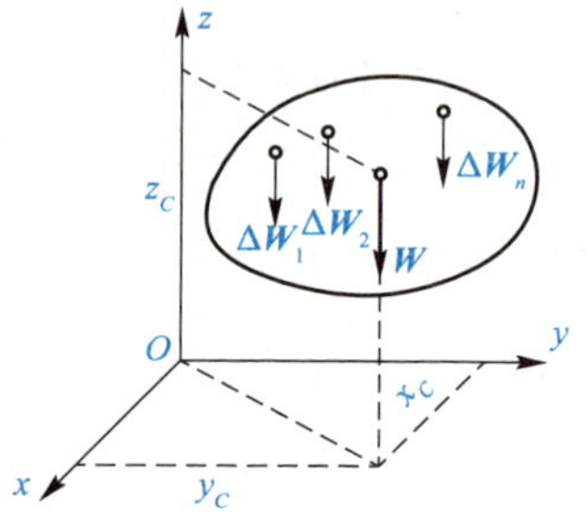

根据力系中心的位置与各力的方向无关的性质，可以将物体连同坐标系一起绕 x 轴顺时针转过 $90°$，使 y 轴朝下，这时重力 W 和各力 ΔW_i 都与 y 轴同向平行，再对 x 轴应用合力矩定理，得

$$-z_C \cdot W = -\sum z_i \cdot \Delta W_i$$

图 1-44

> **学习笔记：**

因此得物体重心 C 的坐标公式为

$$\left.\begin{aligned} x_C &= \frac{\sum x_i \Delta W_i}{W} \\ y_C &= \frac{\sum y_i \Delta W_i}{W} \\ z_C &= \frac{\sum z_i \Delta W_i}{W} \end{aligned}\right\} \quad (1\text{-}27)$$

若物体为均质,其密度为 ρ,将 $W=\rho g V$,$\Delta W_i=\rho g \Delta V_i$ 代入式(1-27)中,令 $\Delta V_i \to 0$,取极限,即可得

$$\left.\begin{aligned} x_C &= \frac{\sum x_i \Delta V_i}{V} = \frac{\int_V x \mathrm{d}V}{V} \\ y_C &= \frac{\sum y_i \Delta V_i}{V} = \frac{\int_V y \mathrm{d}V}{V} \\ z_C &= \frac{\sum z_i \Delta V_i}{V} = \frac{\int_V z \mathrm{d}V}{V} \end{aligned}\right\} \quad (1\text{-}28)$$

可见,均质物体的重心完全取决于物体的几何形状和尺寸。

2. 平面图形的形心求解

(1)平面组合图形的形心分析。若物体是等厚均质薄板,如图 1-45 所示。以 A 表示壳或板的表面积,ΔA_i 表示微元的面积,同理可求得均质薄板的重心的位置坐标公式为

$$\left.\begin{aligned} x_C &= \frac{\sum x_i \Delta A_i}{A} = \frac{\int_A x \mathrm{d}A}{A} \\ y_C &= \frac{\sum y_i \Delta V_i}{A} = \frac{\int_A y \mathrm{d}A}{A} \end{aligned}\right\} \quad (1\text{-}29)$$

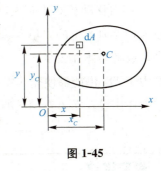

图 1-45

若令

$$\left.\begin{aligned} S_x &= \int_A y \mathrm{d}A \\ S_y &= \int_A x \mathrm{d}A \end{aligned}\right\} \quad (1\text{-}30)$$

则式(1-29)变为

$$\left.\begin{aligned} x_C &= \frac{S_y}{A} \\ y_C &= \frac{S_x}{A} \end{aligned}\right\} \quad (1\text{-}31)$$

式中,S_x、S_y 分别称为平面图形对于 x 轴、y 轴的面积矩,简称**面矩**,或称**静矩**,单

位为 mm³ 或 m³。

由此可见，均质平板的重心仅与平板的几何形状和尺寸有关，而从几何图形看，所确定的坐标点正是平面图形的几何中心，称为平面图形的**形心**。

(2)组合法确定平面组合图形的形心。组合法是求平面组合图形的形心坐标的基本方法。组合图形大多数由简单几何图形组合而成，而这些简单几何图形的形心通常是熟知的（如圆形、矩形、三角形等）。因此，可以先将组合图形分割成若干个简单图形，然后应用式(1-29)确定组合图形的形心坐标。

1.4.3 船舶稳定性简析

船舶的稳定性是指船舶在有限的作用下不会倾覆，倾侧力消失后能恢复到正常状态的能力。

如图 1-46(a)所示，浮力的作用线同船体的中心线相交于 M 点，M 点叫作**稳心**。船舶重心 G 至倾斜后浮力作用线的垂直距离，称为**稳性力臂**，以 GZ 表示。当稳心高于重心时，船舶是稳定的；当稳心低于重心时，船舶是不稳定的。稳心到重心的距离 GM 称为**稳心高度**。稳心高度越大，船体的稳定性越好。一半船舶在倾侧 10°~15°的情况下，稳心高度从零点几米到几米。

船舶在航行中受到侧面风浪作用倾侧。假设船体向右倾斜，如果船上的货物不移动，重心 G 的位置就不会有变化。但由于左面一部分体积露出水面，右面同样大小的体积浸入水中，因此浮心 B 向右移动。如图 1-46(a)所示，如果重心 G 比较低，或者船身比较宽，浮心 B 向右移动相对比较大，浮力作用线就会移到重力作用线的右侧，这时候**稳性力臂** GZ 较大，浮力产生的力矩 M_R 会使船体恢复到正常状态；如图 1-46(b)所示，如果重心比较高，或者船体比较窄，浮力向右移动相对较小，这时候**稳性力臂** GZ 较小，但是浮力产生的力矩 M_R 仍能够使船体恢复到正常状态；如图 1-46(c)所示，当重心位置高于稳心 M 时，浮力作用线在重力作用线的左侧，这时候浮力产生的力矩 M_R 会继续使船体倾侧。

学习笔记：

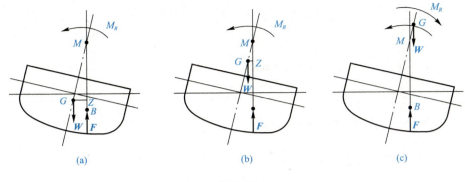

图 1-46

如果重心在浮力的下面,船体倾侧后,浮力的力矩一定会使船体恢复到正常状态。因此,重心低于浮力的船舶一定是稳定的。为了使船舶具有良好的稳定性,要设法增加船体的宽度,并且尽可能降低船舶的重心位置。

能力拓展

【**实例分析 1-6**】 用吊杆起重物,如图 1-47 所示,A 端用球形铰链固定在地面上,B 端用绳 CB 和 DB 拉住,两绳分别系在墙上的点 C 和 D。已知 $CE=EB=DE$,$\alpha=30°$,CDB 平面与水平面之间的夹角 $\angle EBF=30°$,物重 $Q=10$ kN。起重杆质量不计,试求起重杆所受的压力和绳子的拉力。

解:以节点 B 为研究对象,Q 为主动力;T_1、T_2 为绳的约束反力;AB 为二力杆,其反力 S 沿杆 AB 的轴线。选取坐标系 $Axyz$,如图 1-47 所示。由题意可知 $\angle CBE=\angle DBE=45°$。列平衡方程有

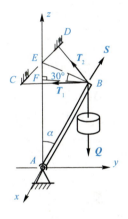

图 1-47

学习笔记:

$$\sum F_x = 0, \quad T_1\sin45° - T_2\sin45° = 0$$

则
$$T_1 = T_2$$

$$\sum F_y = 0, \quad S\sin30° - T_1\cos45° \cdot \cos30° - T_2\cos45° \cdot \cos30° = 0$$

得
$$S = \sqrt{6}\,T_1 \qquad ①$$

$$\sum F_z = 0, \quad T_1\cos45° \cdot \sin30° + T_2\cos45° \cdot \sin30° + S\cos30° - Q = 0$$

即
$$2T_1\cos45° \cdot \sin30° + \sqrt{6}\,T_1 \times \frac{\sqrt{3}}{2} - Q = 0$$

代入数据得 $T_1 = T_2 = 3.45 \text{ kN}$

将 T_1 值代入式①得 $S = 8.66 \text{ kN}$

【实例分析 1-7】 求图 1-48 所示角钢横断面的形心。图中尺寸单位为 mm。

解： 选坐标系 Oxy，如图 1-48 所示。将图形分割为两个矩形，以 A_1、A_2 分别表示其面积，$C_1(x_1, y_1)$、$C_2(x_2, y_2)$ 分别表示其形心位置，则

$A_1 = 120 \times 10 = 1\,200\,(\text{mm}^2)$

$x_1 = 5 \text{ mm}, \quad y_1 = 60 \text{ mm}$

$A_2 = 70 \times 10 = 700\,(\text{mm}^2)$

$x_2 = 10 + 35 = 45\,(\text{mm}), \quad y_2 = 5 \text{ mm}$

由式(1-29)可求得

$$x_C = \frac{A_1 x_1 + A_2 x_2}{A_1 + A_2}$$

$$= \frac{1\,200 \times 5 + 700 \times 45}{1\,200 + 700}$$

$$= 19.7\,(\text{mm})$$

$$y_C = \frac{A_1 y_1 + A_2 y_2}{A_1 + A_2} = \frac{1\,200 \times 60 + 700 \times 5}{1\,200 + 700} = 39.7\,(\text{mm})$$

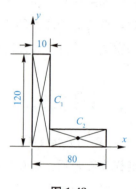

图 1-48

单元测试

(1) 试确定图 1-49 所示阴影部分的形心位置。

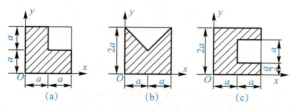

图 1-49

(2)试求图 1-50 所示截面的形心位置,长度单位为 mm。

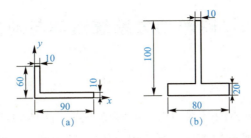

图 1-50

学习笔记:

单元1.5 船舶动力系统运动与动力分析

学习目标

熟练掌握运动与动力分析的基本知识,能够解决点与刚体的基本运动分析问题;建立复合运动的分析思路,掌握点的速度合成分析方法,解决实际工程中点的速度合成问题;掌握描述刚体平面运动的方法,能够解决平面图形内各点的速度分析问题;建立动力分析的基本思路,能够确立动力分析的解决方案,解决在实际工程中的动力分析问题。

通过本单元的学习,能够完成对船舶动力传动系统的运动与动力分析。

任务分析

船舶推进装置也称主动力装置,它是船舶动力装置中最重要的组成部分。其功能是由船舶主机发出功率,通过传动机构和轴系传递给螺旋桨,同时,又将螺旋桨在水中旋转产生的推力传递给船体,以推动船舶航行。船舶推进装置一般包括主机、传动机构、轴系和螺旋桨推进器等,如图1-51所示。

柴油机在一定的工况下运转时,活塞做往复运动,曲轴做回转运动,连杆小端随活塞做往复运动,连杆大端随曲柄做回转运动,杆身绕活塞销或十字头销摆动。对其运动及动力分析是将要研究的内容。

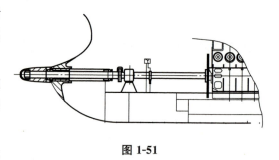

图 1-51

任务实施

运动学(Kinesiology) 是经典力学的一个分支,主要是从几何的角度(是指不涉及物体本身的物理性质和加在物体上的力)来描述和研究物体位置随时间的变化规律,以研究**点**和**刚体**这两个简化模型的运动为基础。

动力学(Dynamics) 也是经典力学的一个分支,动力学主要研究力对于物体运动的影响。动力学以牛顿第二定律为核心,指出了力、加速度和质量三者之间的关系。

1.5.1 点与刚体运动分析

1. 点的运动分析

自然坐标法是以点的轨迹作为自然坐标轴来确定动点的位置的方法。

(1)自然坐标法。用自然坐标法描述点的运动规律时,必须具有已知轨迹和运动方程两个条件。

1)**运动方程**：以动点 M 的轨迹为一自然坐标轴，当动点运动时，弧坐标 s 随时间连续变化，是随时间的单值连续函数，即

$$s = f(t) \tag{1-32}$$

2)**速度**：点做曲线运动的瞬时速度的大小等于动点弧坐标对时间的一阶导数，其方向沿轨迹的切线方向，指向动点运动的方向，即

$$v = \frac{\mathrm{d}s}{\mathrm{d}t} \tag{1-33}$$

3)**加速度**：加速度是矢量，可分为切向加速度和法向加速度。

切向加速度：

$$a_\tau = \frac{\mathrm{d}v}{\mathrm{d}t} = \frac{\mathrm{d}^2 s}{\mathrm{d}t^2} \tag{1-34}$$

法向加速度：

$$a_n = \frac{v^2}{\rho} \tag{1-35}$$

(2)直角坐标法。点做曲线运动时，若点的轨迹未知，则研究点的运动应采用直角坐标法。

1)**运动方程**：动点坐标 x、y 是时间的单值连续函数，即

$$\left. \begin{array}{l} x = f_1(t) \\ y = f_2(t) \end{array} \right\} \tag{1-36}$$

2)**速度**：动点的速度在直角坐标轴上的投影，等于其相应坐标对时间的一阶导数，即

$$\left. \begin{array}{l} v_x = v\cos\alpha = \dfrac{\mathrm{d}x}{\mathrm{d}t} \\ v_y = v\sin\alpha = \dfrac{\mathrm{d}y}{\mathrm{d}t} \end{array} \right\} \tag{1-37}$$

学习笔记：

3) **加速度**：动点的加速度在直角坐标轴上的投影，等于其相应速度对时间的一阶导数，即

$$\left. \begin{array}{l} a_x = \dfrac{\mathrm{d}v_x}{\mathrm{d}t} = \dfrac{\mathrm{d}^2 x}{\mathrm{d}t^2} = a\cos\beta \\ a_y = \dfrac{\mathrm{d}v_y}{\mathrm{d}t} = \dfrac{\mathrm{d}^2 y}{\mathrm{d}t^2} = a\sin\beta \end{array} \right\} \tag{1-38}$$

2. 刚体的运动分析

刚体的基本运动包括刚体的**平行移动**和**绕定轴转动**。

（1）刚体的平行移动。刚体在运动过程中，刚体上任一直线始终与它原来的位置保持平行，这种运动称为**平行移动**，简称**平动**。

如图 1-52 所示，当刚体做平动时，刚体上任意两点 AB 的运动轨迹完全相同。依此类推可知，刚体平动时，刚体上两点的轨迹完全相同。由图 1-52 可见，在任何时间间隔内，两点具有相同的位移，从而在任何瞬间时两点的速度、加速度都相同，即

$$v_A = v_B$$
$$a_A = a_B$$

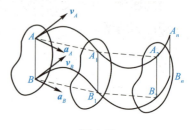

图 1-52

由于 AB 两点是任意选取的，所以可得出结论：**刚体做平动时，刚体上各点的速度和加速度完全相同。刚体上任一点的运动都能代表整个刚体的运动**。因此，在研究刚体平动时，可用刚体上任一点的运动来表征，刚体平动问题可归结为点的运动来研究。

（2）刚体绕定轴转动。刚体运动时，体内（或其延伸部分）有一条直线始终保持不动，这种运动称为定轴转动。定轴转动时这条不动的直线称为**转轴**。

学习笔记：

1) **转动方程**：刚体转动时，转角随时间变化，转角是时间的单值连续函数，即
$$\varphi = f(t) \tag{1-39}$$

2) **角速度**：转角随时间变化快慢的物理量，等于转角对时间的一阶导数，即
$$\omega = \frac{\mathrm{d}\varphi}{\mathrm{d}t}(\mathrm{rad/s}) \tag{1-40}$$

3) **角加速度**：角加速度是表示角速度变化快慢的物理量，等于角速度对时间的一阶导数，或等于转角对时间的二阶导数，即
$$\varepsilon = \frac{\mathrm{d}\omega}{\mathrm{d}t} = \frac{\mathrm{d}^2\varphi}{\mathrm{d}t^2}(\mathrm{rad/s}^2) \tag{1-41}$$

(3) 定轴转动刚体上点的速度和加速度。

1) **速度**：刚体上各点的线速度与其半径成正比，点与转轴距离越远，则其线速度越大，即
$$v = R\omega \tag{1-42}$$

2) **加速度**。

切向加速度：
$$a_\tau = \frac{\mathrm{d}v}{\mathrm{d}t} = \frac{\mathrm{d}(R\omega)}{\mathrm{d}t} = R\frac{\mathrm{d}\omega}{\mathrm{d}t} = R\varepsilon \tag{1-43}$$

法向加速度：
$$a_n = \frac{v^2}{R} = \frac{(R\omega)^2}{R} = R\omega^2 \tag{1-44}$$

3. 平面图形内各点的速度分析

刚体运动时，刚体内任意点与某一固定平面的距离始终保持不变，则此运动称为**刚体的平面平行运动**，简称为**平面运动**。

常用的平面图形内各点的速度分析的方法主要有三种，即**速度合成法**、**速度投影法**、**速度瞬心法**。

学习笔记：

(1)**速度合成法。平面运动的刚体上任一点的速度，等于基点速度与该点绕基点的转动线速度的矢量和，这种方法称为基点法**或**速度合成法**。

如图 1-53(a)所示，设已知平面图形 S 上任一点 O 的速度 v_O 和转动角速度 ω，求图形 S 上任一点 M 的速度。

由于 O 点的速度为已知，故取 O 点为基点，并将动系固接在 O 点上，M 点的牵连速度 v_e 就等于基点 O 的速度 v_O，如图 1-53(b)所示；又由于平面图形 S 的转动角速度 ω 为已知，故 M 点的相对速度 v_r 就是 M 点绕基点 O 转动的线速度 v_{MO}，如图 1-53(c)所示，根据速度合成定理可得 M 点的绝对速度，如图 1-53(d)所示。

$$v_M = v_O + v_{MO} \tag{1-45}$$

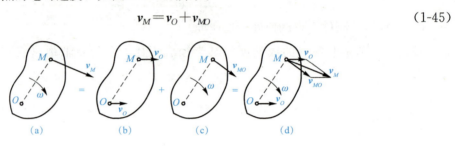

图 1-53

(2)**速度投影法。平面图形上任意两点的速度在这两点连线上的投影相等**，称为**速度投影定理**。

平面图形 S 上任意两点 A 与 B 的速度存在着确定的关系，即

$$v_B = v_A + v_{BA} \tag{1-46}$$

根据矢量投影定理，合矢量 v_B 在某一轴 x 上的投影等于它的各分矢量 v_A 和 v_{BA} 在同轴上投影的代数和。故从式(1-46)可得

$$(v_B)_x = (v_A)_x + (v_{BA})_x \tag{1-47}$$

学习笔记：

如图 1-54(a)所示，投影轴是可以任意选取的，如选 AB 连线为投影轴，因 v_{BA} 垂直于 AB 连线，故 $(v_{BA})_x=0$，则式(1-47)可写为

$$v_B\cos\beta=v_A\cos\alpha \tag{1-48}$$

(3) 速度瞬心法。刚体平面运动时，存在着瞬时速度为零的点——**瞬时速度中心**，简称瞬心。将基点选在该瞬时速度为零的点上，则平面运动刚体上任一点的速度只等于该点绕基点转动的速度。

在某一瞬时，若取速度瞬心为基点，如图 1-54(b)所示，则平面图形上任一点的速度就等于该点绕瞬心转动的线速度。图中 A 和 B 点的速度值分别为

$$v_A=PA\cdot\omega(v_A\perp PA)$$
$$v_B=PB\cdot\omega(v_B\perp PB)$$

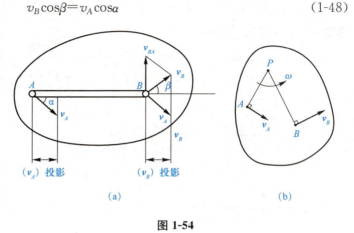

图 1-54

刚体做平面运动时，在任何瞬时有且仅有一个速度为零的瞬时速度中心。

根据不同的已知条件求瞬心的位置，有图 1-55 所示的多种情况，具体如下：

1) 如图 1-55(a)所示，已知 A、B 两点的速度方向，通过这两点做垂直于其速度的两条直线，则两条直线的交点就是速度瞬心。

2) 如图 1-55(b)、(c)所示，若 A、B 两点速度大小不等，其方向与 AB 连线垂直，则瞬心位置可根据速度与其转动半径成正比的关系确定。

学习笔记：

3)如图 1-55(d)、(e)所示,若任意两点 A、B 的速度 v_A 平行于 v_B,且 $v_A = v_B$,则瞬心在无穷远处,平面图形做瞬时平动。

4)如图 1-55(f)所示,物体沿固定面做无滑动的滚动称为**纯滚动**,物体上只有接触点的速度为零,故该点为瞬心。

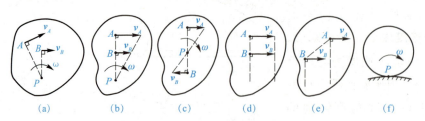

图 1-55

1.5.2 动力基础分析

1. 质点动力学分析

(1)质点运动微分方程。设质量为 m 的质点 $M(x,y,z)$ 在各力 F_1,F_2,…,F_n 的作用下沿曲线运动,如图 1-56 所示。动力学基本方程为

$$\sum F = ma$$

将上述各力投影到直角坐标系上,则得到直角坐标形式的动力学微分方程:

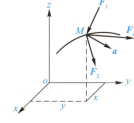

图 1-56

$$\left. \begin{array}{l} ma_x = \sum F_x \quad 即 \quad m\dfrac{d^2 x}{dt^2} = \sum F_x \\ ma_y = \sum F_y \quad 即 \quad m\dfrac{d^2 y}{dt^2} = \sum F_y \\ ma_z = \sum F_z \quad 即 \quad m\dfrac{d^2 z}{dt^2} = \sum F_z \end{array} \right\} \quad (1\text{-}49)$$

(2)质点动力学第一类基本问题。即已知质点的运动,求作用在质点上的力。在这类问题中,质点的运动方程或速度函数是已知的,只需要将其代入质点运动微分方程中,便可求出未知的作用力。

(3)质点动力学第二类基本问题。即已知作用在质点上的力,求质点的运动。

2. 刚体绕定轴转动动力学分析

刚体绕定轴转动的动力学方程:刚体在外力系作用下绕定轴转动,某瞬时刚体转动的角速度为 ω,角加速度为 ε,则

$$\sum m_z(F) = J_z \varepsilon \quad (1\text{-}50)$$

式(1-50)中 $J_z = m_i r_i^2$ 称为刚体对 z 轴的**转动惯量**,它是刚体各质点的质量与其对应的转动半径平方的乘积的总和,单位是千克·平方米($kg \cdot m^2$)。

常见形状的均质物体的转动惯量，可从相关工程手册中查得。

1.5.3 船舶动力系统运动简析

柴油机在一定的工况下运转时，活塞做往复运动，曲轴做回转运动，连杆小端随活塞做往复运动，连杆大端随曲柄做回转运动，杆身绕活塞销或十字头销摆动。现在以下面的例题为例，对柴油机活塞连杆系统运动来进行简单的分析。

【实例分析 1-8】 如图 1-57 所示，柴油机曲柄 OA 绕定轴 O 匀速转动，活塞 B 做水平直线往复运动。$OA=r$，$AB=l$ 且 l 大于 r，OA 的起始位置在水平线上，且 $\varphi=\omega t$。试求活塞 B 的速度方程、速度和加速度。

解：求运动方程。由图 1-57 可知，B 点的坐标为

$$x = r\cos\varphi + l\cos\theta$$

由于

$$r\sin\varphi = l\sin\theta$$

$$\cos\theta = (1-\sin^2\theta)^{\frac{1}{2}} = \left[1-\left(\frac{r}{l}\right)^2\sin^2\varphi\right]^{\frac{1}{2}}$$

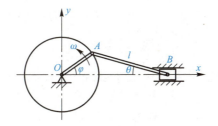

图 1-57

为了在求导运算时简单，将上式简化，用二项式定理将上式展开，并因 $|y| = \left(\dfrac{r}{l}\sin\varphi\right)^2 < 1$，可略去高次项不计。由

$$(1+y)^n = 1 + ny + \dfrac{n(n-1)}{2!}y^2 + \dfrac{n(n-1)(n-2)}{3!}y^3 + \cdots$$

可得

$$\cos\theta = 1 - \dfrac{1}{2}\left(\dfrac{r}{l}\right)^2 \sin^2\varphi + \cdots$$

$$= 1 - \dfrac{1}{2}\left(\dfrac{r}{l}\right)^2 \left(\dfrac{1-\cos 2\varphi}{2}\right)$$

$$= 1 - \dfrac{1}{4}\left(\dfrac{r}{l}\right)^2 + \dfrac{1}{4}\left(\dfrac{r}{l}\right)^2 \cos 2\varphi$$

将 $\varphi = \omega t$ 及 $\cos\theta$ 代入 $x = r\cos\varphi + l\cos\theta$，可得

$$x = l\left[1 - \dfrac{1}{4}\dfrac{r^2}{l^2}\right] + r\left(\cos\omega t + \dfrac{1}{4}\dfrac{r}{l}\cos 2\omega t\right)$$

将上式一次求导，可得

$$v = \dfrac{\mathrm{d}x}{\mathrm{d}t} = -r\omega\left(\sin\omega t + \dfrac{1}{2}\dfrac{r}{l}\sin 2\omega t\right)$$

再次求导，可得

$$a = \dfrac{\mathrm{d}^2 x}{\mathrm{d}t^2} = -r\omega^2\left(\cos\omega t + \dfrac{r}{l}\cos 2\omega t\right)$$

学习笔记：

能力拓展

【实例分析 1-9】 图 1-58(a)所示为摇杆套环机构,A 为固定铰链,环将 AB 杆与半径为 R 的固定圆环套在一起,杆 AB 与铅垂线的夹角 $\varphi = \omega t$,求自然坐标法描述 M 的运动方程、速度、加速度。

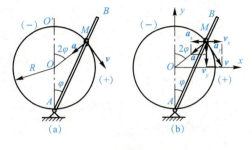

图 1-58

解: 以圆弧上 O' 点为弧坐标原点,顺时针为弧坐标方向,建立弧坐标,如图 1-58(a)所示。

(1)建立点的运动方程。由图中几何关系建立运动方程:

$$s = R(2\varphi) = 2R\omega t$$

(2)求 M 的速度。

$$v = \frac{\mathrm{d}s}{\mathrm{d}t} = 2R\omega$$

(3)求 M 的加速度。

$$a_\tau = \frac{\mathrm{d}v}{\mathrm{d}t} = 0$$

$$a_n = \frac{v^2}{\rho} = \frac{(2R\omega)^2}{\rho} = 4R\omega^2$$

M 的全加速度为

$$a = \sqrt{a_\tau^2 + a_n^2} = 4R\omega^2$$

学习笔记:

其方向为沿 MO 指向 O。

请大家应用图 1-58(b)所示的直角坐标法再重新计算一下，看看结果如何。

【实例分析 1-10】 起重机的鼓轮直径 $D=400$ mm，钢丝绳绕在鼓轮上，下端悬有挂重，如图 1-59 所示。若向上起吊时，鼓轮的转动方程 $\varphi=2t^2$（φ 的单位是 rad，t 的单位是 s），试求：(1)重物的加速度；(2)启动后 2 s 时重物的速度；(3)启动后 2 s 重物上升的高度。

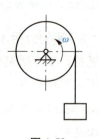

图 1-59

解： 设钢丝绳不伸长且与轮子之间无相对滑动，则鼓轮转动时，重物、钢丝绳、轮缘三者的线速度均相等；重物、钢丝绳的加速度和轮缘的切向加速度相等。

(1)重物的加速度。

鼓轮的角速度 $\omega=\dfrac{\mathrm{d}\varphi}{\mathrm{d}t}=\dfrac{\mathrm{d}}{\mathrm{d}t}(2t^2)=4t$

角加速度 $\varepsilon=\dfrac{\mathrm{d}\omega}{\mathrm{d}t}=\dfrac{\mathrm{d}}{\mathrm{d}t}(4t)=4(\mathrm{rad/s^2})$

重物加速度 $a=a_\tau=R\varepsilon=0.2\times 4=0.8(\mathrm{m/s^2})$

(2)启动后 2 s 的重物速度。

重物上升速度 $v=R\omega=0.2\times 4t=0.8t$

当 $t=2$ s 时，$v=0.8t=0.8\times 2=1.6(\mathrm{m/s})$

(3)启动后 2 s 重物上升的高度。

鼓轮在 2 s 内的转角 $\varphi=2t^2=2\times 2^2=8(\mathrm{rad})$

重物上升高度 $h=R\varphi=0.2\times 8=1.6(\mathrm{m})$

学习笔记：

【实例分析1-11】 椭圆规尺$AB=200$ mm，A、B两滑块分别在互相垂直的两滑槽中滑动，如图1-60(a)所示。已知A端速度$v_A=20$ mm/s，尺AB的倾斜角$\varphi=30°$。分别应用速度投影法、速度瞬心法求B端的速度v_B。

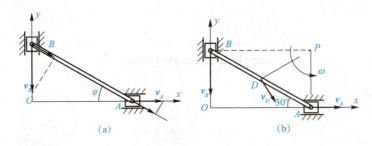

图 1-60

解：(1)速度投影法。滑块A水平向左运动带动滑块B垂直向下运动。将速度v_A、v_B向AB连线上投影，可得

$$v_A\cos30°=v_B\cos60°$$

故 $$v_B=v_A\cos30°/\cos60°=20\times0.866/0.5=34.64(\text{mm/s})$$

(2)速度瞬心法。如图1-60(b)所示，分别从A、B两点作速度v_A和v_B的垂线交于P点，P点即尺AB的速度瞬心。故尺AB的角速度为

$$\omega=v_A/AP=v_A/(AB\sin30°)=20/(200\sin30°)=0.2(\text{rad/s})$$

B点的速度值为

$$v_B=BP\cdot\omega=AB\cdot\cos30°\cdot\omega=200\cos30°\times0.2=34.64(\text{mm/s})$$

用速度瞬心法还可以求出做平面运动的尺AB上任一点的速度，如求中点D的速度，则

$$v_D=DP\cdot\omega=\frac{AB}{2}\cdot\omega=100\times0.2=20(\text{mm/s})$$

其方向垂直于DP，与尺AB的转向一致。

单元测试

(1)一列车做直线运动，制动后，列车的运动方程为$s=16t-0.2t^2$(s以m计，t以s计)。试求制动开始时的速度、加速度、制动时间及停车前运行的距离。

(2)点的运动方程为$x=10t^2$，$y=7.5t^2$(x、y以cm计，t以s计)。试求$t=4$ s时点的速度与加速度的大小和方向。

(3)如图1-61(a)所示，手摇卷扬机的手柄长$l=40$ cm，鼓轮直径$d=20$ cm。由于操作者脱手，作用力消失，手柄在自由下落的重物作用下，由静止开始转动。试求经过3 s后的角速度、角加速度及手柄末端的速度。

(4)石油唧筒机构如图1-61(b)所示，主动轮以$n=20$ r/min绕O轴转动。当CD和OA

位于水平位置时，B 点在 O 点的铅垂线上。试求此瞬时 C 点的速度。已知：$O_1C=2$ m，$O_1B=3$ m，$AB=2.5$ m，$OA=0.6$ m。

(5) 四连杆机构的尺寸如图 1-61(c) 所示，轮子以角速度 ω_0 顺时针转动。求在图示瞬时杆 AB 和杆 BC 的角速度。

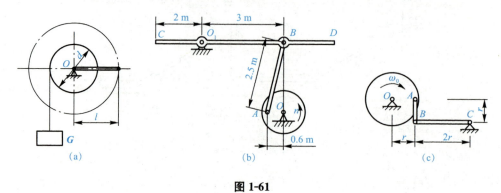

图 1-61

单元 1.6 柴油机活塞连杆系统综合分析

学习目标

柴油机活塞运动分析的学习；连杆运动分析的学习；曲柄连杆机构动力分析的学习。

任务分析

柴油机是往复运动机械，它采用曲柄连杆机构将活塞的往复运动转换成曲轴的回转运动。当柴油机以恒定转速运转时，活塞做往复运动，连杆一边随活塞做往复运动，一边绕活塞销（或十字头销）摆动，曲轴基本为匀速回转运动。由于曲柄连杆机构这种复杂的运动特点，必然要产生周期性变化的不平衡力和力矩。它们的存在不仅影响活塞、连杆和曲轴的强度，而且影响连杆小端和大端轴承的负荷、润滑和磨损，同时会使柴油机发生振动并引起船体振动，甚至会导致柴油机或船体发生故障或损坏。为了改善这种不平衡力和力矩对柴油机本身造成的不良影响，必须采取一定的平衡补偿措施，将它们控制在一个限定的范围之内。

船舶推进轴系在实际运转中也会受到各种冲击和周期性的激振力（或力矩）的作用。对于柴油机动力装置，激振力主要有柴油机汽缸气体力、运动部件惯性力与重力等产生的作用在曲轴、曲柄销上的交变切向力和径向力，螺旋桨在径向和周向都很不均匀的三维伴流场中运转时所受到的交变纵向（轴向）和横向推力与力矩，轴系部件运转时所产生的激振力或（力矩）。这些激振力和力矩的存在，将导致船舶推进轴系产生扭转振动、纵向振动和回旋（横向）振动，造成轴系损坏或影响船舶的正常航行。

任务实施

1.6.1 活塞的运动分析

(1)活塞的位移。在柴油机中，由活塞（或活塞十字头组件）、连杆和曲轴组成的运动机构称为曲柄连杆机构。其结构简图如图 1-62 所示。图中 B、A、O 分别代表活塞销（或十字头销）和连杆小端、曲柄销和连杆大端、主轴颈和主轴承的位置。BA 为连杆，其长度为连杆小端中心到连杆大端中心的距离 L。OA 为曲柄，其回转半径为主轴颈中心到曲柄销中心的距离 R，等于活塞行程 S 的一半，即 $R=S/2$。B 点沿着汽缸中心线在上下止点 O' 和 O' 之间做往复运动，它与上止点 O' 之间的距离 x 称为活塞位移。假设曲柄按顺时针方向转动，可以得出

$$x = L + R - (R\cos\alpha + L\cos\beta) = R(1-\cos\alpha) + L(1-\cos\beta) \tag{1-51}$$

简化得到活塞位移的近似公式

$$x = R(1-\cos\alpha) + \frac{\lambda R}{4}(1-\cos2\alpha) \qquad (1-52)$$

式中　α——曲轴转角；
　　　β——连杆摆角；
　　　λ——连杆比，它表示曲柄半径与连杆长度之比，即 $\lambda = R/L$，
　　　　　一般 $\lambda = R/L = 1/3 \sim 1/5$。

活塞的位移 x 是由 x_1 和 x_2 两个位移叠加而成的，即 $x = x_1 + x_2$。其中 $x_1 = R(1-\cos\alpha)$ 是曲柄 OA 转动时 A 点的垂直方向的位移；$x_2 = \frac{\lambda R}{4}(1-\cos2\alpha)$ 是连杆有限长所引起的附加位移。

(2) 活塞运动速度。由于活塞运动速度 $v_x = \mathrm{d}x/\mathrm{d}t$，将式(1-52)对时间微分，则得到活塞运动速度 v_x 的近似公式

$$v_x \approx R\omega\sin\alpha + \frac{\lambda R}{4}(2\omega)\sin2\alpha \qquad (1-53)$$

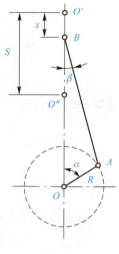

图 1-62

(3) 活塞运动加速度。根据活塞运动加速度 $a_x = \mathrm{d}^2x/\mathrm{d}t^2$，得到活塞运动加速度 a_x 的近似公式

$$a_x \approx R\omega^2\cos\alpha + \frac{\lambda R}{4}(2\omega)^2\cos2\alpha \qquad (1-54)$$

1.6.2　连杆的运动分析

连杆的运动可分解成随活塞的往复运动和绕活塞销的摆动，连杆摆角 β 描述其摆动情况。由图 1-62 可知 $R\sin\alpha = L\sin\beta$，可得

$$\beta = \sin^{-1}(\lambda\sin\alpha) \qquad (1-55)$$

学习笔记：

连杆摆动角速度：

$$\omega_\beta = \lambda\omega\cos\alpha\sec\beta \tag{1-56}$$

连杆摆动角加速度：

$$\varepsilon_\beta = -\lambda(1-\lambda^2)\omega^2\sin\alpha\sec^3\beta \tag{1-57}$$

1.6.3　曲柄连杆机构的动力分析

在曲柄连杆机构上作用着周期性变化的气体力和惯性力，它们的作用特点对柴油机的振动和平衡有重大的影响。

1.6.3.1　气体力 F_g

作用在曲柄连杆机构上的气体力 F_g 与柴油机的工作过程和负荷有关。即使在负荷一定的情况下，气体力 F_g 也是周期交变的，即气体力 F_g 随曲轴转角 α 而改变，作用在活塞上的气体力为

$$F_g = \frac{\pi D^2}{4} \cdot p_g \tag{1-58}$$

式中　D——汽缸直径；

　　　p_g——汽缸中的气体压力。

F_g 的变化周期为柴油机的一个工作循环，方向沿汽缸中心线向下。

1.6.3.2　曲柄连杆机构的惯性力

曲柄连杆机构的惯性力有活塞组件往复运动所产生的往复惯性力、曲柄不平衡回转质量回转运动所产生的回转惯性力（离心惯性力）、连杆运动所产生的惯性力。曲柄连杆机构的惯性力主要和运动部件的质量及运动时的加速度有关。

学习笔记：

1. **运动部件的质量代换**

由于实际运动物体的形状比较复杂,通常的处理方法是用与实际质量系统相当的质量代换系统来代替实际比较复杂的质量系统,以简化惯性力的计算。

连杆是做复杂平面运动的零件。由于连杆的惯性力是通过大小端向外作用的,一般将整个连杆(包括有关附属零件,如轴瓦和螺栓等)的质量 m_l 用两个集中质量 m_{lA} 和 m_{lB} 来代换,如图 1-63 所示。假设 m_{lA} 是集中作用在连杆小端中心处随活塞做往复直线运动的质量,m_{lB} 是集中在连杆大端中心处随曲柄做回转运动的质量,根据代换系统与原系统动力效果相等的原则,可求得

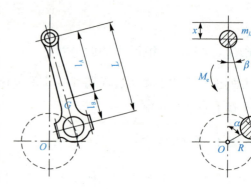

图 1-63

$$m_{lA} = \frac{L - l_A}{L} m_l$$

$$m_{lB} = \frac{l_A}{L} m_l \qquad (1\text{-}59)$$

计算表明,上述两个质量分配的代替系统对连杆质心的转动惯量比原来稍大,这部分多出的转动惯量为 ΔI。ΔI 数值很小,一般都忽略不计。

曲柄连杆机构的往复运动质量 m_j 为活塞组件的质量 m_p 与换算到连杆小端中心的连杆质量 m_{lA} 之和,$m_j = m_p + m_{lA}$。

曲柄连杆机构的不平衡回转质量 m_R 为换算到曲柄销中心处的曲柄不平衡质量 m_k 与换算到连杆大端中心的连杆质量 m_{lB} 之和,即 $m_R = m_k + m_{lB}$。

学习笔记:

2. 往复惯性力 F_j

往复惯性力 F_j 为集中在活塞销(或十字头销)中心处的往复运动质量 m_j 在做不等速往复运动时产生的惯性力,可表示为

$$F_j = -m_j a_x \tag{1-60}$$

往复惯性力的方向与活塞加速度的方向相反,作用线与汽缸中心线平行。略去往复质量质心与汽缸中心线的微小偏移(如单滑块十字头、活塞冷却机构引起的偏移),可以认为往复惯性力的作用线与汽缸中心线重合。

将活塞加速度公式(1-54)代入式(1-60),则得

$$F_j = -m_j R\omega^2 \cos\alpha - m_j \frac{\lambda R}{4}(2\omega)^2 \cos 2\alpha \tag{1-61}$$

3. 离心惯性力 F_R

离心惯性力 F_R 为集中在曲柄销中心处的不平衡回转质量 m_R 在做回转运动时产生的惯性力,可表示为

$$F_R = -m_R \omega^2 \tag{1-62}$$

离心惯性力的方向与向心加速度的方向相反,永远是离心的。其作用线与曲柄中心线重合,并随曲柄按角速度 ω 回转。

4. 连杆力偶 M_L

连杆力偶 M_L 为连杆转动惯量在连杆摆动时产生的惯性力偶,可表示为

$$M_L = -\Delta I \varepsilon_\beta \tag{1-63}$$

连杆力偶作用在连杆摆动平面内,其数值大小交变,方向交变。当连杆摆到汽缸中心线左侧时,M_L 为逆时针方向;当连杆摆到汽缸中心线右侧时,M_L 为顺时针方向。由于 ΔI 很小,连杆力偶也很小。

学习笔记:

综上可知，曲柄连杆机构的惯性力主要为往复惯性力 F_j、离心惯性力 F_R 及连杆力偶 M_L。因为往复惯性力、离心惯性力和连杆力偶都与曲柄回转角速度的平方 ω^2 成正比，也就是与曲轴转速的平方 n^2 成正比。因此，当柴油机发生飞车时，由于转速太高，曲柄连杆机构的惯性力过大，可能导致机器强烈振动、连杆螺栓断裂。为了防止曲柄连杆机构惯性力过大而引起的机件损伤和机器强烈振动，柴油机不宜超速运行。

1.6.4 曲柄连杆机构的作用力分析

曲柄连杆机构的作用力主要有气体力 F_g、往复惯性力 F_j、离心惯性力 F_R 和连杆力偶 M_L。其中，连杆力偶的数值很小，通常可以忽略不计。因此，对曲柄连杆机构的作用力可做如下分析。

1. 合力 F

在活塞上作用着气体力 F_g 和往复惯性力 F_j 的合力 F，$F=F_g+F_j$，合力 F 作用在汽缸中心线连杆小端处。由于气体力 F_g 和往复惯性力 F_j 都随曲轴转角变化，其合力 F 的大小和方向也随曲轴转角而变化。

图1-64所示为一台二冲程柴油机的气体力 F_g、往复惯性力 F_j 及其合力 F 随曲轴转角的变化曲线。从图中可以看出，活塞在上止点（曲轴转角为0°）附近时，惯性力的方向和气体力方向相反，合力小于气体力，但仍是正值，即力的方向向下，使连杆受压；活塞在下止点（曲轴转角为180°）附近时，惯性力具有正值且较大，尽管气体力较小，其合力仍比较大，使连杆受压。当活塞在曲轴转角300°附近时，惯性力具有负值，

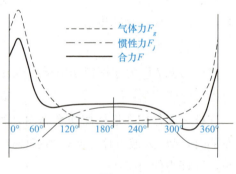

图 1-64

且大于气体力，使合力出现负值，即力的方向向上，使连杆受到拉伸，但拉力较小。在低速、增压柴油机中，惯性力较小而气体力较大，一般合力都是正值，使连杆始终受到压力的作用。对于四冲程柴油机、高速柴油机，在换气上止点附近，由于气体力较小而惯性力较大且方向向上，使连杆受到拉伸。

2. 侧推力 F_N 与连杆推力 F_L

作用力 F 在活塞销处分解为两个力：一个分力 F_N 垂直于汽缸壁（或导板），称为侧推力；另一个分力 F_L 沿连杆中心线，称为连杆推力，如图1-65所示。

由图中的几何关系可以看出

$$F_N = F\tan\beta \tag{1-64}$$

$$F_L = F/\cos\beta \tag{1-65}$$

侧推力 F_N 的大小、方向交变，作用在十字头导板或汽缸壁上。连杆推力 F_L 的数值大小交变，作用在曲柄销上，而方向是否交变则取决于机型。

3. 切向力 T 和径向力 Z

连杆推力 F_L 在曲柄销处又可分解为两个分力：一个垂直于曲柄中心线的切向分力 T（图 1-65 中用 F_T 表示）；另一个沿着曲柄中心线的法向分力 Z（图 1-65 中用 F_Z 表示）。根据图 1-65 所示的几何关系，切向分力 T 和法向分力 Z 可用 α 和 β 的三角函数表达如下：

$$T = F_L \sin(\alpha+\beta) = F \frac{\sin(\alpha+\beta)}{\cos\beta} \quad (1\text{-}66)$$

$$Z = F_L \cos(\alpha+\beta) = F \frac{\cos(\alpha+\beta)}{\cos\beta} \quad (1\text{-}67)$$

将 F_L 移至主轴承处并沿水平和垂直方向分解为 F' 和 F'_N，其中 F' 等于合力 F。这说明在活塞销处承受的合力通过曲柄连杆机构最终传递到主轴承上。另外，在主轴承上还作用着不平衡回转质量的离心惯性力 F_R。

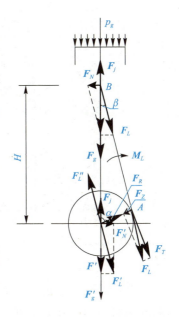

图 1-65

4. 柴油机的输出力矩和倾覆力矩

切向力 T 对曲轴中心线形成的力矩 $T \cdot R$ 为柴油机的单缸输出力矩，由于切向力 T 的大小是随着气体力 F_g、往复惯性力 F_j 和曲轴转角 α 的变化而变化的，输出力矩 $T \cdot R$ 也是交变的，如图 1-66 所示。另外，从图 1-66 中还能看到，由于气体力 F_g 和往复惯性力 F_j 的合力 F 的作用，在柴油机机体垂直于汽缸中心线方向作用着一对大小相等、方向相反的力 F_N 和 F'_N，力之间的距离为 H，它们构成了柴油机的倾覆力矩，在数值上同柴油机各瞬时输出力矩大小相等而方向相反，但作用在不同的一部件上。柴油机的输出力矩作用在柴油机之外被驱动的机械上（如螺旋桨、发电机等），而倾覆力矩则作用在柴油机机体上。因此两者不能抵消。

学习笔记：

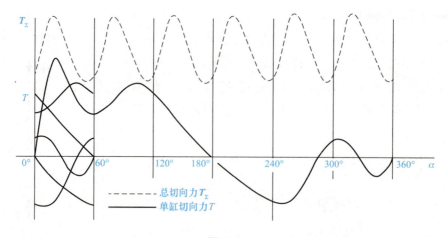

图 1-66

多缸柴油机的总切向力 T_Σ 等于各缸切向力之和,其对曲轴所产生的回转力矩 $T_\Sigma R$ 即曲轴的输出力矩,其大小也是交变的。在柴油机的一个工作循环中,总切向力(输出力矩)要变化 i(汽缸数)次,因而,若柴油机的输出力矩平均值与其负荷的阻力矩相等,虽然曲轴的平均转速稳定不变,但转动的角速度是波动的,而且在一个工作循环中将波动 i 次。通过增多柴油机的汽缸数或增大飞轮的转动惯量可以减少曲轴角速度的波动。

 能力拓展

运动刚体惯性力系简析

(1)**惯性力的概念**。任何物体都有保持静止或匀速直线运动的属性,称为**惯性**。当物体受到外力作用而产生运动状态的变化时,运动物体即对施力物体产生反作用力,因这种反作用力是由于运动物体的惯性引起的,故称之为运动物体的**惯性力**,以 Q 表示,此力作用对象是施力物体。如图 1-67 所示,工人沿着光滑地面以力 F 推一质量为 m 的小车,小车的

图 1-67

加速度为 a,根据牛顿第二定律数学表达式 $F=ma$;又由作用与反作用定律可知,工人必受到小车的反作用力 Q,它与作用力 F 等值、反向且共线,所以,惯性力 $Q=-ma$。

可见,惯性力是因为外力的作用而使物体的运动状态改变时,由于其惯性而引起的运动物体对施力物体的反作用力,其大小等于运动物体质量与加速度的乘积,方向与加速度相反,作用对象是施力物体。

(2)**质点的达朗伯原理**。质量为 m 的质点受主动力 F 和约束力 N 作用,设 F 与 N 的合力为 R,质点的加速度为 a,则有

$$R=ma$$
$$F+N=ma$$

假想在质点 M 上施加惯性力 $Q=-ma$，则 Q 与 R 必等值、反向、共线，即 F、N、Q 构成平衡，如图 1-68 所示，它们的合力为零。

$$F+N+Q=0 \tag{1-68}$$

在变速运动质点上假想地加上惯性力，则作用于质点的惯性力、约束力与主动力在形式上构成平衡力系，这就是**质点的达朗伯原理**(此方法又称**动静法**)。

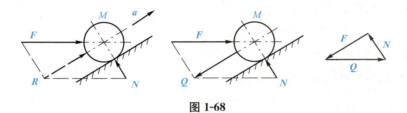

图 1-68

(3) **平动刚体惯性力系分析**。刚体平动时，其中各质点的加速度相同并均等于质心加速度，因而，各质点的惯性力 Q_k 组成一个同向平行力系。以 a 表示刚体的平动加速度，则

$$Q_k=-ma$$

此惯性力系是由大小与质点质量成正比的平行力系组成的，与重力所组成的平行力系具有相同的性质，平行的惯性力系合力 Q_C 应通过刚体质心 C，即

$$Q_C=\sum Q_k=\sum -m_k a=-(\sum m_k)a=-Ma \tag{1-69}$$

式中 M 为刚体质量。所以，刚体平动时，其惯性力系可简化为一个通过质心的合力，此合力的方向与加速度相反，其值等于刚体质量与加速度的乘积。

(4) **定轴转动刚体惯性力系分析**。工程上许多定轴转动的刚体，一般都有垂直于转轴的质量对称面，故在此平面两边每两个对称质点惯性力的合力都作用在此对称平面内，这样，刚体的空间惯性力系，可简化为在对称平面内的平面力系。

学习笔记：

图 1-69 中的平面图形代表刚体对称平面。

设转轴通过 O 点，刚体具有质量 M 及绕 O 点的转动惯量 J_O，转动角速度为 ω，角加速度为 ε，刚体上任意一点 M_k 具有质量 m_k、加速度 a_k，此质点的惯性力 $\boldsymbol{Q}_k = -m_k \boldsymbol{a}_k$。刚体上无数个质点的惯性力组成一个平面惯性力系，将平面惯性力系向转轴 O 点简化，就得到惯性力系的主矢 $\boldsymbol{Q}_{O_q}$（惯性力）和主矩 M_{O_q}（惯性力矩）。

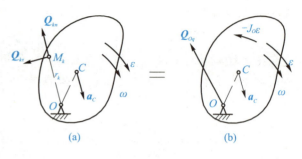

图 1-69

惯性力系的主矢

$$\boldsymbol{Q}_{O_q} = \sum m_k \boldsymbol{a}_k = -M\boldsymbol{a}_C \tag{1-70}$$

惯性力系的对 O 点的主矩

$$M_{O_q} = -J_O \varepsilon \tag{1-71}$$

式(1-70)、式(1-71)表明，刚体绕垂直于对称平面的转轴转动时，刚体惯性力系向转轴与对称平面交点 O 简化的结果为通过 O 点的惯性力系的主矢和主矩。惯性力系主矢的值等于刚体质量和质心加速度的乘积，方向与质心加速度相反；主矩的值等于刚体对转轴的转动惯量与角加速度的乘积，转向与角加速度的转向相反，如图 1-69(b)所示。

学习笔记：

模块 2　船舶构件承载能力分析

学习目标

学习解决构件承载能力分析与设计的基本方法；运用截面法进行构件各种变形下的内力分析计算；学习各种基本变形下构件的内力图的绘制，完成利用内力图分析构件的受载情况；学习解决杆件在拉伸（压缩）变形强度与刚度问题，解决梁的弯曲变形强度与刚度问题，解决轮轴类构件的扭转变形强度与刚度问题，解决连接件在剪切与挤压下的强度问题，解决受压缩杆件的稳定性问题。

通过上述内容的学习，完成船舶构件承载能力的分析。

知识要点

(1) 构件的基本变形形式、变形固体的基本假设、内力、截面法；

(2) 拉伸（压缩）变形受力特点与变形特点、轴力与轴力图、横截面与斜截面上应力的分布、绝对变形、应变、胡克定律、强度与刚度准则及应用；

(3) 材料力学性能、材料失效、构件失效、极限应力、许用应力；

(4) 梁弯曲变形受力特点与变形特点、平面弯曲与斜弯曲变形、纯弯曲与横力弯曲变形、剪力、弯矩、剪力图与弯矩图、横截面上应力的分布、强度与刚度准则及应用；

(5) 压杆稳定性、临界力、临界应力、安全系数法；

(6) 圆轴扭转变形受力特点与变形特点、扭矩与扭矩图、横截面上应力的分布、强度与刚度准则及应用；

(7) 连接件的受力特点与变形特点、剪切面与挤压面、剪切与挤压的实用计算。

单元 2.1　构件承载能力的标准

学习目标

学习材料变形与构件基本变形、影响构件承载能力的因素、材料与构件的失效判据、材料力学性能的分析方法、材料失效判据的建立、构件承载能力的标准。

🧰 任务分析

泰坦尼克号在世界航海史上曾被骄傲地称为"永不沉没的巨轮",该船船身相当于三幢半住宅大厦的长度,被欧美新闻界誉为"海上城市"。1912 年 4 月 15 日凌晨,它载着 2 224 名旅客和船员处女航时,同一座漂浮的冰山发生了仅仅为 10 秒的碰撞,便造成 1 517 名旅客遇难的悲剧。处女航竟给它带来了葬身海底的厄运,如图 2-1(a)所示。

1986 年 1 月 28 日,美国挑战者号航天飞机升空,仅仅 1 分 12 秒就发生了爆炸。后来经过美国太空总署的调查发现,导致这起几十亿美元的航天飞机的坠毁和 7 名宇航员的遇难的是一个小小的橡皮圈,而这个橡皮圈的失效就是它力学性能的失效。研究人员在研制这个橡皮圈的时候,没有考虑到温度对材料力学特性的影响,导致了这场灾难,如图 2-1(b)所示。

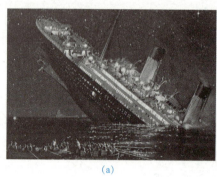 

(a)　　　　　　　　　　　(b)

图 2-1

学习笔记:

任务实施

2.1.1 材料变形与构件基本变形

根据实际构件(零件)几何形状及各个方向上尺寸的差异,一般可分为杆、板、壳、体四大类。

(1)**杆**:一个方向的尺寸远远大于其他两个方向的尺寸的构件称为杆。

(2)**板**:一个方向的尺寸远远小于其他两个方向的尺寸,且各处曲率均为零的构件称为板。

(3)**壳**:一个方向的尺寸远远小于其他两个方向的尺寸,且至少一个方向的曲率不为零的构件称为壳。

(4)**体**:三个方向的尺寸基本相同的构件称为体。

1. 材料的变形形式

材料的变形形式有两种,即**弹性变形**和**塑性变形**。

(1)弹性变形:外力去除后,能够自行消失恢复原状的变形。

(2)塑性变形:外力去除后,不能够自行消失恢复原状的变形。

2. 构件的基本变形

(1)轴向拉伸或压缩变形。当外力作用在杆的截面形心,并沿着杆的轴线方向时,杆件将沿轴向伸长或缩短,这就是**轴向拉伸**或**轴向压缩**变形,简称拉伸或压缩,如图2-2所示。承受轴向拉伸或压缩变形的杆件称为**拉杆**或**压杆**。

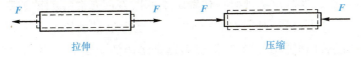

图 2-2

学习笔记:

(2)弯曲变形。当外力作用在杆的某个纵向平面内并垂直于杆的直线，或者在这个纵向平面内有一对反向力偶作用时，杆件的轴线将由直线变为曲线，这种变形形式称为**弯曲变形**，如图 2-3 所示。承受弯曲变形的杆件称为**梁**。

(3)扭转变形。在一对大小相等、转向相反、作用面与杆轴线垂直的力偶作用下，两力偶作用面之间各横截面将绕轴线产生相对转动，这种变形形式称为**扭转变形**，如图 2-4 所示。承受扭转变形的杆件称为**轴**。

(4)剪切变形。当大小相等、方向相反且距离很近的两个力垂直作用于杆件的轴线方向时，杆件在二力之间的截面上发生相对错动，这种变形形式称为**剪切变形**，如图 2-5 所示。

在实际工作问题中，除产生上述变形外，还有许多杆件会同时产生上述变形中的两种或两种以上的变形形式，这种情况称为**组合变形**。

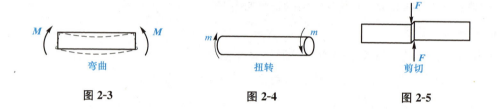

图 2-3 弯曲 图 2-4 扭转 图 2-5 剪切

3. 变形固体的基本假设

任何固体受力后其内部质点之间都会产生相对运动，导致物体发生了形状和尺寸的改变，称为**变形**(Deformation)，这时的物体即视为**变形固体**。

(1)各向同性假设。该假设认为材料在各个不同的方向是有相同的力学性质。大多数工程材料虽然在微观上并不是各向同性的，例如，工程中最常使用的金属材料就是这样，金属的单个晶粒是结晶各向异性的，但当形成多晶聚集体的金属时，晶粒主观呈现随机取向，故而可在宏观上表现为各向同性。

学习笔记：

(2)均匀连续性假设。该假设认为整个物体内充满了物质，没有任何空隙存在；同时认为物体内部的性质完全一样。这样，就可以用表示各点坐标的连续函数来描述物体内的动力、边形等物理量，还可以实现用一个参数描写多点在各个方向上的某种性能。

2.1.2 构件承载能力——失效判据

工程上，所有的构件能承受的外力都是有一定限度的，超过这一限度，构件就会丧失其正常功能，这种现象称为**失效**或**破坏**。构件失效的形式有**强度失效**、**刚度失效**和**稳定性失效**三类。

(1)强度失效。构件抵抗破断的能力称为构件的**强度**。构件因为强度不足而丧失正常功能，称为**强度失效**。工程上，所有承力构件都必须进行强度分析，以保证构件安全工作。

(2)刚度失效。构件抵抗变形的能力称为构件的**刚度**。构件因为刚度不足而丧失正常功能，称为**刚度失效**。

(3)稳定性失效。将构件保持原有直线平衡状态的能力称为构件的**稳定性**。构件因为稳定性不足而丧失正常功能，称为**稳定性失效**。工程上受压力作用的细长杆一般都要进行稳定性分析。

2.1.3 构件内力分析

1. 内力与内力分量

(1)内力。由外力作用而引起物体内部分子或原子之间作用力的改变量，称为**附加内力**，简称**内力**。

(2)截面法。用一个假想平面在杆件[图 2-6(a)]任一位置 m—m 处将杆假想**截**开，如图 2-6(b)所示；**取**假想截开的任意一侧杆件为研究对象，用内力来**代**替另一部分对其的作用，如图 2-6(c)所示；截面上的内力系是一个空间任意力系，如图 2-6(d)所示，将力系向该截面形心点简化，得到一个主矢 R 和一个主矩 M，这两个量可以通过列**平**衡方程求解。这种求解内力的方法称为**截面法**。步骤为截、取、代、平。

> **学习笔记：**

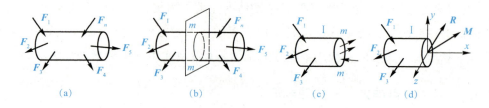

图 2-6

(3)内力分量。将主矢和主矩沿坐标轴方向分解,得到的六个分量称为内力分量。图 2-7 所示的 R_x、R_y、R_z 和 M_x、M_y、M_z,分别为主矢和主矩在 x、y、z 三个坐标轴方向上的分量。

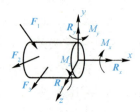

在工程上,这六个量既可以单独存在,也可以多个同时存在。不同的内力分量存在时,代表了不同的受力和变形形式。

2. 应力与应变

图 2-7

(1)应力。内力大小不能反映内力系在截面上各点处作用的强弱程度,需要引入一个表示截面上某点受力强弱程度的量,来作为判断杆件强度是否足够的依据,这个量称为**应力**。

应力实际上就是分布内力在截面上某一点处的强弱程度,也称为**内力集度**,如图 2-8 所示。以 p 来表示应力,可表示为

$$p = \lim_{\Delta A \to 0} \frac{\Delta R}{\Delta A} = \frac{\mathrm{d}R}{\mathrm{d}A} \tag{2-1}$$

应力 p 是矢量,其方向与内力方向一致。如图 2-9 所示,将应力 p 沿截面的法向和切向进行分解,法线方向的分量称为**正应力**,用符号 σ 表示;切线方向的分量称为**剪应力**,用符号 τ 表示。应力的单位为 Pa(帕),工程上常用 MPa(兆帕)。

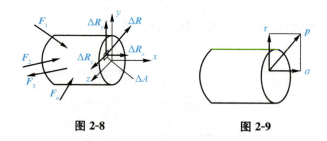

图 2-8   图 2-9

(2)应变。如图 2-10(a)所示,围绕杆件上某一点 A,取出一个各边趋于零的微小正六面体,称为 A 点的**单元体**。

单元体随着杆件的变形而发生变形。ab 边的长度改变量 Δu 称为 ab 边的绝对变形,如图 2-10(b)所示,比值 $\Delta u / \Delta x$,称为 ab 边的**平均相对变形**,也称**平均线应变**。当 Δx 趋于足够小时,极限值反映出 A 点沿 x 方向的真实变形程度,即

$$\varepsilon = \lim_{\Delta x \to 0} \frac{\Delta u}{\Delta x} = \frac{\mathrm{d}u}{\mathrm{d}x} \tag{2-2}$$

式(2-2)中,ε 被称为 A 点沿 x 方向的相对变形也称为**线应变**。

在杆线发生变形时，单元体不仅棱边的长度发生变化，而且两相邻棱边(或两个相邻平面)的夹角会由直角变为非直角，如图 2-10(c)所示。这个直角的改变量用 γ 来表示，由图 2-10(c)可知，$\gamma=\alpha+\beta$ 称为 A 点在 xy 面内的**剪应变**(或**角应变**)。

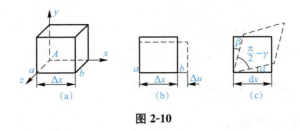

图 2-10

线应变和剪应变(或角应变)是衡量杆件内某一点处变形程度的两个基本物理量。

(3)应力与应变的关系。在杆件处于弹性范围内，对于只承受单方向正应力或剪应力的单元体，其正应力与线应变、剪应力与角应变之间存在着线性关系：

$$\sigma=E\varepsilon \qquad (2-3)$$

$$\tau=G\gamma \qquad (2-4)$$

式(2-3)、式(2-4)均称为胡克定律。式中，E，G 为与材料有关的常数，可由工程手册查得，E 称为**弹性模量**，G 称为**剪切弹性模量**。

2.1.4 标准建立依据——材料力学性能分析

由于失效与材料的力学行为密切相关，因此要通过实验来研究材料的力学行为，也就是要通过实验的方法来揭示材料的**力学性能**(或称**机械性能**)，并通过有限的实验结果，建立多种情形下的失效判据与设计准则。

学习笔记：

材料的**力学性能**(或称**机械性能**)是指材料受外力时,在强度和变形方面表现出的性能。其是解决强度、刚度和稳定性问题所不可缺少的依据。实验指出,材料的力学性能不仅取决于材料本身的成分、组织及冶炼、加工、热处理等过程,而且取决于加载方式、应力状态和温度。

在常温、静载条件下,材料常可分为**塑性材料**和**脆性材料**两大类。在本次任务中,主要讨论常温、静载条件下强度失效的问题,重点考察金属材料在拉伸、压缩时的力学性能。

2.1.4.1 轴向荷载作用下材料的力学性能

1. 低碳钢拉伸时的力学性能

材料的力学性能可通过实验测定。静载拉伸实验是研究材料力学性能常用的基本方法。试件应按相关标准加工成标准试件,如图 2-11 所示。

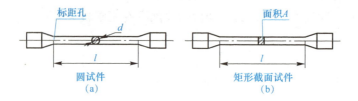

图 2-11

试验时,记录各时刻的拉力 P,以及与各拉力 P 对应的试件标距 l 长度内的绝对变形 Δl,直至试件破坏。将 P 和 Δl 绘制成 $P-\Delta l$ 曲线,称为**拉伸图**。

为了消除试件尺寸的影响,反映材料本身的性能,将拉伸图纵坐标 P 除以试件的横截面积 A,即 $P/A=\sigma$;将横坐标 Δl 除以试件标距 l,即 $\Delta l/l=\varepsilon$。便得到 $\sigma-\varepsilon$ 关系曲线,称为**应力—应变图**,如图 2-12 所示的低碳钢拉伸时的应力—应变曲线。其表明从加载开始到破坏为止,应力 σ 与应变 ε 的对应关系,反映了材料的性能。

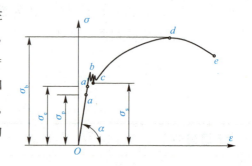

图 2-12

(1)比例极限 σ_p。试件拉伸开始阶段,其应力与应变成直线(Oa)关系,变形符合胡克定律 $\sigma=E\varepsilon$。直线 Oa 最高点 a 所对应的应力值 σ_p,是材料符合胡克定律的最大应力值,称为材料的比例极限。直线 Oa 的斜率数值上等于材料的弹性模量 E,即 $\tan\alpha=\sigma/\varepsilon=E$。

(2)弹性极限 σ_e。当应力超过比例极限后,图中 aa' 已不是直线,此时变形已不符合胡克定律,但仅发生弹性变形。σ_e 是材料仅产生弹性变形的最大应力值,称为材料的**弹性极限**。

试件的应变,从零增加到弹性极限 σ_e 的过程中,只产生弹性形变,故称为弹性阶段。

(3)屈服极限 σ_s。当应力超过 σ_e 后,$\sigma-\varepsilon$ 曲线上出现一段沿水平线上、下微微波动的锯

齿形线段 bc，应力虽有波动但几乎没有增加，而变形迅速增长，材料好像失去了对变形的抵抗能力，这种现象称为材料**屈服**或**流动**。材料出现屈服现象的过程，称为**屈服阶段**。屈服阶段的最低应力值 σ_s，称为材料的**屈服极限**。

在屈服阶段，试件的光滑表面将出现与其轴线约成 45°的条纹（图 2-13），称为**滑移线**。表明沿着最大剪应力面（45°斜截面）材料晶粒之间发生相对滑移，产生了塑性变形。机械零件和加工结构都不允许发生过大的塑性变形。当其应力达到材料的屈服极限时，便认为已丧失正常的工作能力。所以，屈服极限 σ_s 是衡量塑性材料强度的重要指标。

（4）强度极限 σ_b。屈服阶段之后，出现向上凸的曲线 cd，表明若要试件继续变形，必须增加应力，材料重新产生了抵抗变形的能力。这种现象称为材料的强化。图 2-12 中曲线 cd 所对应的过程称为材料的**强化阶段**。强化阶段中的最高点 d 所对应的应力，是试件断裂前材料能承受的最大应力值，称为**强度极限**，以 σ_b 表示。A3 钢的强度极限 $\sigma_b \approx 400$ MPa。强度极限是衡量材料强度的另一重要指标。

当材料达到强度极限后，变形将在试件薄弱的局部区域内急剧增加，横向收缩加剧，出现**颈缩**现象（图 2-14）。曲线回落直到 e 点试件发生断裂。

（5）延伸率和断面收缩率。试件拉断之后，弹性变形全部消失，残留下的是塑性变形。将断裂后的两段试件接合起来可测得试件断裂后的标距长度 l_1 和颈缩处最小截面积 A_1（图 2-15）。试件断裂后的残余变形值 (l_1-l) 与标距原长 l 之比，代表试件拉断后塑性变形的程度，称为材料的**延伸率**，以符号 δ 表示，即

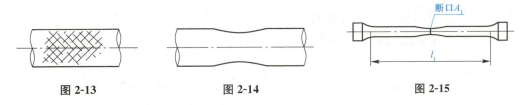

图 2-13　　　　　图 2-14　　　　　图 2-15

学习笔记：

$$\delta = \frac{l_1 - l}{l} \times 100\% \tag{2-5}$$

试件断口处横截面积的相对变化率为

$$\psi = \frac{A - A_1}{A} \times 100\% \tag{2-6}$$

ψ 称为**断面收缩率**。延伸率 δ、断面收缩率 ψ 都是衡量材料塑性性质的指标。δ、ψ 大，说明材料断裂时产生的塑性变形大，塑性好。

工程上，通常将常温、静载，简单受力情况下，延伸率 $\delta > 5\%$ 的材料称为**塑性材料**，如钢、铜、铝等；$\delta < 5\%$ 的材料称为**脆性材料**，如铸铁、玻璃等。

(6) **冷作硬化**。如果将试件拉伸到强化阶段的某点停止加载，并逐渐卸载至零。此时，应力和应变将沿着几乎与 Oa 平行的直线 fg 回到 g 点，如图 2-16(a) 所示。这说明卸载过程中弹性应变与应力的关系仍保持直线关系，且弹性模量近似与加载时相同。其中，gh 是卸载过程中恢复的弹性应变，Og 代表塑性应变。

如果卸载后短期内再加载，则应力和应变将沿着卸载时的直线 gf 上升到 f 点，然后又会沿着原来的曲线变化直到拉断，如图 2-16(b) 所示。比较两次加载时的应力—应变曲线可以发现，卸载后再加载，材料的比例极限 σ_p 和屈服极限 σ_s 有所提高，但材料的塑性下降，这一现象称为材料的**冷作硬化**。

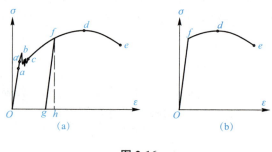

图 2-16

工程上，常用冷作硬化来提高某些结构的承载能力，如钢筋、链条、钢缆绳等。

学习笔记：

2. 没有明显屈服阶段的塑性材料的力学性能

如图 2-17(a)所示，对于没有明显屈服阶段的塑性材料，工程上常采用**名义屈服极限** $\sigma_{0.2}$ 作为其强度指标。$\sigma_{0.2}$ 是材料产生 0.2% 塑性应变的应力值，如图 2-17(b)所示。

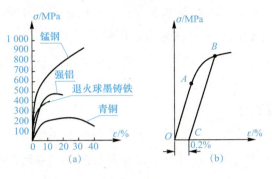

图 2-17

3. 铸铁拉伸时的力学性能

铸铁是工程上广泛应用的脆性材料。铸铁在拉伸时的应力—应变曲线是一段微弯的曲线，如图 2-18 所示。其表明应力和应变的关系不符合胡克定律，但在应力较小时，$\sigma - \varepsilon$ 曲线与直线相近似，故以直线 Oa（虚线表示）代替曲线 Oa，即认为铸铁在应力较小时，也符合胡克定律，且有不变的弹性模量 E。

铸铁在拉伸时无屈服阶段，变形很小时就会突然断裂，延伸率通常只有 0.5%～0.6%，断裂前也不出现颈缩现象。所以，铸铁的强度指标仅有强度极限，即断裂时的最大应力值。拉伸强度极限常以符号 σ_{bt} 表示。

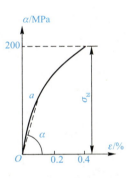

图 2-18

学习笔记：

4. 低碳钢压缩时的力学性能

金属材料压缩试件常做成短圆柱体，长度 l 为直径 d 的 1.5～3 倍，以防止实验时被压弯。

低碳钢在屈服阶段以前，两曲线基本重合。材料压缩时的比例极限 σ_p、弹性模量 E 及屈服极限 σ_s 与拉伸时基本相同；在材料屈服阶段以后，受压试件产生显著的塑性变形，越压越扁始终不发生断裂，如图 2-19 所示。因此，对于低碳钢等塑性材料一般不做压缩实验，压缩时的力学性能可以直接引用拉伸实验的结果。

5. 铸铁压缩时的力学性能

铸铁压缩时的应力—应变曲线也无明显的直线部分与屈服阶段，如图 2-20 所示。这表明压缩时也是近似地符合胡克定律，且不存在屈服极限，其强度极限 σ_{by} 与延伸率 δ 都比拉伸时高，强度极限是其 4～5 倍。另外，其破坏断面与轴线大致成 45°倾斜角。说明铸铁压缩时，沿剪应力最大的截面破坏，而最大剪应力仅是最大压力的一半。所以，其抗剪强度低于抗压强度。

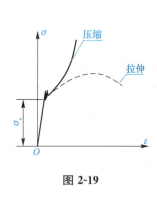

图 2-19

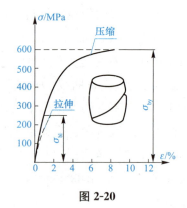

图 2-20

表 2-1 列出了几种常用材料的主要力学性能。

表 2-1 几种常用材料的主要力学性能

材料名称或牌号	屈服极限 σ_s/MPa	强度极限 σ_b/MPa	延伸率 δ/%	断面收缩率 ψ/%
A3 钢	216～235	373～461	25～27	
35 号钢	216～314	432～530	15～20	23～45
45 号钢	265～353	530～598	13～16	30～40
40Cr	343～785	588～981	8～9	30～45
QT60-2		588	2	
HT15-33		拉 98～275 压 637 弯 206～461		

综上所述，塑性材料和脆性材料的力学性能的主要区别如下：

(1)塑性材料破坏时有显著的塑性变形,断裂前有的出现屈服现象;而脆性材料在变形很小时突然断裂,无屈服现象。

(2)塑性材料拉伸时的比例极限、屈服极限、弹性模量都与压缩时相同。这说明拉伸和压缩时,具有相同的强度和刚度;而脆性材料则不同,其压缩时的强度和刚度都大于拉伸时的强度和刚度,且抗压强度远远大于抗拉强度。

必须指出,材料可分为塑性和脆性两大类,它是根据材料在常温、静载、轴向拉伸等条件下测得的延伸率划分的。若条件发生变化,材料的性能也随之改变。例如,低碳钢在常温下呈塑性,在低温时却出现脆性破坏。又如石块,在简单的压缩下呈脆性,当三个方向均受压时,则呈塑性。因此,材料呈脆性或塑性是有条件的,并非一成不变。

2.1.4.2 材料的极限应力与许用应力

将材料发生屈服或断裂的现象称为材料强度失效。材料出现屈服或断裂现象时都有一个相对应的最小应力值,将这个应力值称为材料的**极限应力**,用 σ^0 表示。脆性材料的极限应力就是强度极限 σ_b;塑性材料的极限应力就是屈服极限 σ_s;对于没有明显屈服阶段的塑性材料,其极限应力就是名义屈服极限 $\sigma_{0.2}$。

一般情况下,对于脆性材料,在单向拉伸应力状态下,其失效形式是断裂,所以,其失效判据为

$$\sigma^0 = \sigma_b \tag{2-7}$$

对于塑性材料,在单向拉伸应力状态下,其失效形式是屈服,所以,其失效判据为

$$\sigma^0 = \sigma_s (或 \sigma_{0.2}) \tag{2-8}$$

为了确保构件能够安全有效地工作,就必须保证工作中杆件内的应力不达到极限应力。为此,将极限应力除以一个大于1的安全系数 n,得到材料的许用应力 $[\sigma]$,即

$$[\sigma] = \frac{\sigma^0}{n} \tag{2-9}$$

学习笔记:

许用应力 $[\sigma]$ 是材料工作时允许其内部产生的最大应力。如果假设杆件工作时其内部能产生的最大应力为 σ_{max},那么保证这个杆件安全工作的条件为

$$\sigma_{max} \leqslant [\sigma] \tag{2-10}$$

式(2-10)实际上就是保证杆件安全工作的设计准则,称为**强度准则**(也称**强度条件**)。有关强度条件的问题后续还有更详细的讲述。式中材料许用应力 $[\sigma]$ 可以从有关工程规范中查得。安全系数也可以从有关工程规范中查得。一般情况下,脆性材料 $n=2.0\sim5.0$,塑性材料 $n=1.5\sim2$。

 单元测试

(1) 没有明显屈服阶段的塑性材料,如何确定其屈服点?
(2) 什么是伸长率和断面收缩率?
(3) 为什么工程上常用脆性材料做成承压构件?
(4) 极限应力和许用应力有何区别?
(5) 三种材料的 $\sigma-\varepsilon$ 曲线如图 2-21 所示。说明哪一种材料的强度高、哪一种材料的塑性高、哪一种材料的弹性模量大。

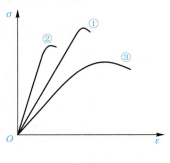

图 2-21

学习笔记:

单元 2.2　船舶锚链承载能力分析

学习目标

学习杆件轴向拉伸与压缩变形的基本概念、拉压杆件内力与应力的分析、强度刚度准则的建立、船舶锚链的强度与刚度分析。

任务分析

锚链(Chain Cable)是指连接锚和船体并传递锚抓力的专用链条，如图 2-22 所示。锚链常由锚端链节、中间链节和末端链节等组成。锚链的作用主要是连接锚与船，向船体传递锚的抓驻力；在锚泊时，因抛出的锚链有一定的质量，可在水中对船舶所受到的风流等外力起一定的缓冲作用；平卧水底部分的锚链对锚的作用力保持水平，有利于锚的可靠抓底。同时，这部分锚链因受到泥土的阻滞作用，还能提供一部分锚泊力。

图 2-22

锚链在使用过程中主要发生的是拉伸变形，对其拉伸强度与刚度的分析是本单元要解决的问题。

任务实施

2.2.1　船舶锚链受力分析

1. 杆件拉伸(压缩)变形特点

当外力作用在杆的截面形心，并沿着杆的轴线方向时，杆件将沿轴向伸长或缩短，这就是**轴向拉伸**或**轴向压缩**变形，简称**拉伸**或**压缩**，如图 2-23 所示。承受轴向拉伸或压缩变形的杆件称为拉杆或压杆。

图 2-23

杆件受到轴向拉力或压力时具有以下特点：

(1)杆件受力的特点：构件受到的外力(或合外力)沿杆件的轴线作用，且作用线与杆件的轴向重合。

(2)杆件的变形特点：杆件的变形主要是沿着轴线伸长或缩短，同时伴随着横向变细或变粗。

2. 杆件拉伸(压缩)内力分析

(1)拉压杆横截面上的内力。如图 2-24(a)所示，按截面法可得图 2-24(b)所示的内力，内力 N 沿轴线且作用于横截面形心位置。

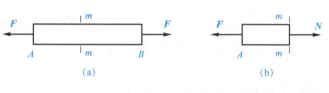

图 2-24

通常将这个内力称为**轴力**，用 N 表示。其大小可应用平衡方程来求解。

规定：当轴力与横截面外法线或方向一致时，轴力为正，称为拉力，杆件称为拉杆；反之，轴力为负，称为压力，杆件称为压杆，如图 2-25 所示。

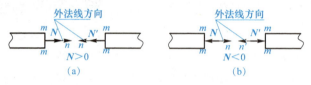

图 2-25

表示轴力沿杆件轴线方向变化的图形，称为**轴力图**。

(2)杆件拉伸(压缩)截面上的应力。拉压杆横截面上的内力是轴力，其是横截面上分布内力系的合力。但是，要进行横截面上各点处的应力计算，必须知道轴力在横截面上的分布规律。

学习笔记：

如图 2-26 所示，变形前为平面的横截面，变形后仍为平面，且仍垂直于轴线，但沿轴线方向发生了平行移动，此假设称为**平面假设**。

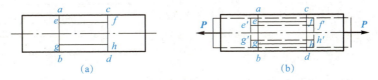

图 2-26

据此假设可知，杆件各纵向纤维的伸长量相同，各纵向纤维的受力情况相同，即轴力在横截面上是均匀分布，如图 2-27(a) 所示。所以，可以得出横截面上有且仅有正应力，而且横截面上各点的正应力完全相同，如图 2-27(b) 所示。

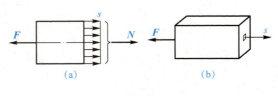

图 2-27

轴向拉压杆横截面上任一点处应力的计算公式如下：

$$\sigma = \frac{N}{A} \tag{2-11}$$

式中　σ——横截面上的正应力(MPa)；

　　　N——横截面上的轴力(N)；

　　　A——横截面的面积(mm^2)。

正应力的正负号规定：**拉应力为正，其指向与截面外法线方向一致；压应力为负，其指向与截面外法线方向相反。**

学习笔记：

3. 杆件拉伸(压缩)变形分析

(1)纵向变形。

1)绝对变形。轴向拉伸(压缩)时,杆件长度的伸长(缩短)量称为纵向绝对变形。如图2-28所示,即 $\Delta l = l_1 - l$(单位:mm)。

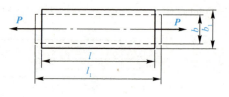

图 2-28

2)相对变形。单位长度的变形称为相对变形或线应变,沿轴线方向单位长度的变形称为纵向相对变形或纵向线应变,以 ε 表示,即

$$\varepsilon = \frac{\Delta l}{l} \tag{2-12}$$

(2)横向变形。

1)绝对变形。轴向拉伸(压缩)时,杆件横向尺寸的缩小(增大)量称为横向绝对变形,即 $\Delta b = b_1 - b$(单位:mm)。

2)相对变形。横向单位长度的变形称为横向相对变形或横向线应变,以 ε_1 表示,即

$$\varepsilon_1 = \frac{\Delta b}{b} \tag{2-13}$$

(3)泊松比。对于同一种材料,在弹性范围内,其横向相对变形与纵向相对变形之比的绝对值为一常数,即

$$\varepsilon_1 = -\mu\varepsilon \tag{2-14}$$

比值 μ 称为泊松比或横向变形系数,负号表示横向应变与纵向应变的正负号恒相反。泊松比是一个无量纲的量。

(4)胡克定律。轴向拉伸或压缩的杆件,当其应力不超过某一限度时,杆的轴向变形与轴向荷载及杆件长度成正比,与杆件横截面积成反比。这一关系称为胡克定律,即

$$\Delta l = \frac{Nl}{EA} \tag{2-15}$$

学习笔记:

式中比例常数 E 称为**弹性模量**，其常用单位与应力单位相同。各种材料的弹性模量可用实验方法进行测定，工程上常用材料的弹性模量可查询相关设计手册。

弹性模量 E 表示材料的弹性性质；EA 称为**抗拉(压)刚度**，表示杆件抵抗拉伸或压缩变形的能力。

将 $\dfrac{N}{A}=\sigma$、$\dfrac{\Delta l}{l}=\varepsilon$ 代入式(2-15)，可得

$$\sigma=E\varepsilon \tag{2-16}$$

式(2-16)是胡克定律的另一种表达形式，即胡克定律可以表述为：当应力不超过某一极限时，应力和应变成正比。

4. 船舶锚链应力分析

以已焊接无挡链环为例，锚链链环的受力是相当复杂的，在这里仅仅假设受拉伸和单向弯曲。力学分析如图 2-29 所示。

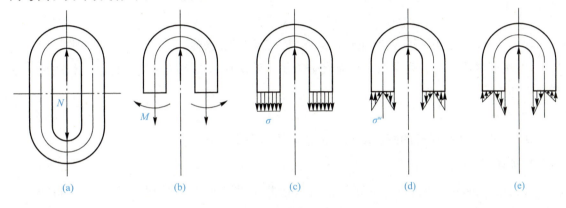

图 2-29

学习笔记：

如图 2-29(a)、(b)所示，工作中的链环在拉力 P 的作用下在横截面分别存在轴力 N 和弯矩 M 的作用（弯曲部分内容将在后续部分讨论），在轴力 N 的作用下产生拉伸变形，在弯矩 M 的作用下产生弯曲变形。如图 2-29(c)所示，在轴力 N 的作用下在链环横截面产生拉应力 σ。如图 2-29(d)所示，在弯矩 M 的作用下在链环横截面产生弯曲正应力 σ^w。它们最终叠加的结果如图 2-29(e)所示。

以上的分析，只是在理想状态下的力学分析，实际中要复杂很多。

2.2.2 锚链承载能力分析

1. 杆件拉伸(压缩)的失效准则

(1)强度准则。为了确保拉压杆能安全工作，要求横截面上最大正应力（即杆内所产生的最大应力）不超过材料的**许用应力**，即

$$\sigma_{\max} = \frac{N}{A} \leqslant [\sigma] \tag{2-17}$$

式(2-17)称为拉压杆的强度准则，也称为**拉压杆强度条件**。

(2)刚度准则。为了确保拉压杆能安全工作，要求杆件最大线应变不超过材料的**许用线应变**，即

$$\varepsilon \leqslant [\varepsilon] \tag{2-18}$$

式(2-18)称为**拉压杆的刚度准则**，也称为**拉压杆刚度条件**。

2. 船舶锚链强度分析

锚链按其链环的结构可分为无挡锚链(Studless Chain)和有挡锚链(Stud Chain)两种。如图 2-30(a)所示，无挡锚链的链环没有横挡，仅用于小型船舶；如图 2-30(b)所示，有挡锚链的链环设有横挡，在尺寸和材质相同时，有挡锚链的强度比无挡锚链的强度大，变形小，且堆放时不易扭缠，为现代大、中型船舶所广泛采用。

学习笔记：

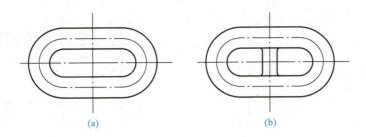

图 2-30

(1) 无挡链环的近似计算。无挡链环的实际受力相当复杂,受拉伸兼双向弯曲,链环平面内的弯矩是三次超静定问题,计算起来较复杂,且理论计算与实测比较,差别较大。为达到既安全可靠又便于计算,一般采用近似计算的方法,即计算链环横断面的拉应力,用降低许用应力来考虑弯曲所引起的附加应力的影响。链环许可荷载为

$$S = 2 \times \frac{\pi d^2}{4} \times [\sigma] = 1.57[\sigma]d^2 \tag{2-19}$$

式中 S——链环许可荷载(N);
  d——链环的直径(mm);
  $[\sigma]$——链环材料的许用应力(MPa)。

(2) 有挡链环的近似计算。有挡链环的受力状态同样是非常复杂的,一般情况下仍采用近似计算的方法。其强度估算公式如下:

$$S_p = 548.8 d^2 \tag{2-20}$$

式中 S_p——有挡链环的破断强度(N);
  d——有挡链环的直径(mm)。

【实例分析 2-1】 一等截面直杆受力情况如图 2-31(a)所示,试作出其轴力图。

解:画杆 AE 的受力图如图 2-31(b)所示。设 A 端的支反力为 R,指向左方。由整个杆的平衡得

$$-R - P_1 + P_2 - P_3 + P_4 = 0$$

故

$$R = P_2 + P_4 - P_1 - P_3 = 10 \text{ kN}$$

R 得正值,故所设指向正确。

求各段横截面上的轴力(分段应用截面法):

(1) 沿截面 I 截开,取左侧部分为研究对象,求 AB 段轴力 N_1,如图 2-31(c)所示。

$$\sum F_x = 0, \quad N_1 - R = 0$$

得

$$N_1 = R = 10 \text{ kN} \tag{①}$$

(2) 沿截面 II 截开,取左侧部分为研究对象,求 BC 段轴力 N_2,如图 2-31(d)所示。

$$\sum F_x = 0, \quad N_2 - P_1 - R = 0$$

得 $\quad N_2 = P_1 + R = 50 \text{ kN} \quad$ ②

(3)沿截面Ⅲ截开，取右侧部分为研究对象，求 CD 段轴力 N_3，如图 2-31(e)所示。

$$\sum F_x = 0, \quad P_4 - P_3 - N_3 = 0$$

得 $\quad N_3 = P_4 - P_3 = -5 \text{ kN} \quad$ ③

式中的负号说明 N_3 的方向应指向截面，截面受压。

(4)沿截面Ⅳ截开，取右侧部分为研究对象，求 DE 段轴力 N_4，如图 2-31(f)所示。

$$\sum F_x = 0, \quad P_4 - N_4 = 0$$

得 $\quad N_4 = P_4 = 20 \text{ kN} \quad$ ④

由计算结果可知，杆件在 CD 段受压，在其他各段都受拉。其受力图如图 2-31(g)所示。最大轴力 $N_{\max}$ 在 BC 段，其值为 50 kN。

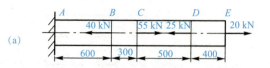

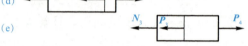
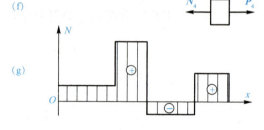

图 2-31

【**实例分析 2-2**】 一钢木结构如图 2-32(a)所示。AB 为木杆，其横截面积 $A_{AB} = 10 \times 10^3 \text{ mm}^2$，许用应力 $[\sigma]_{AB} = 7$ MPa；BC 为钢杆，其横截面积 $A_{BC} = 600 \text{ mm}^2$，许用应力 $[\sigma]_{BC} = 160$ MPa。试求 B 处吊起的最大许可荷载 P。

解：(1)受力分析。A、B、C 均为铰接，AB、BC 杆重不计，故 AB、BC 都是二力构件。

以 B 点为研究对象画出受力图，如图 2-32(b)所示，由

$$\sum F = 0, \quad S_{BC} \cdot \sin 30° - P = 0$$

得 $\quad S_{BC} = \dfrac{P}{\sin 30°} = 2P$

由

$$\sum F_x = 0, \quad S_{AB} - S_{BC} \cdot \cos 30° = 0$$

得 $\quad S_{AB} = S_{BC} \cos 30° = \sqrt{3} P$

(2)求最大许可荷载。木杆的许可轴力为

$$S_{AB} \leqslant A_{AB} [\sigma]_{AB}$$

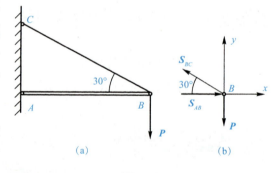

图 2-32

即 $$\sqrt{3}P \leqslant 10 \times 10^3 \times 10^{-6} \times 7 \times 10^6 \text{ N}$$

故保证木杆强度所得的许可荷载为

$$[P]_{\text{木}} \leqslant 40.4 \text{ kN}$$

再求钢杆的许可轴力为

$$S_{BC} \leqslant A_{BC} \cdot [\sigma]_{BC}$$

即 $$2P \leqslant 600 \times 10^{-6} \times 160 \times 10^6 \text{ N}$$

所以，保证钢杆强度所得的许可荷载为

$$[P]_{\text{钢}} \leqslant 48 \text{ kN}$$

因此，在保证整个结构安全的前提下，B 点处可吊起的最大许可荷载为

$$[P] = 40.4 \text{ kN}$$

【实例分析 2-3】 一阶梯形钢杆如图 2-33(a)所示，AC 段的截面积 $A_{AB} = A_{BC} = 500 \text{ mm}^2$，$CD$ 段的截面积 $A_{CD} = 200 \text{ mm}^2$。杆的受力情况及各段长度如图 2-33 所示。已知钢杆的弹性模量 $E = 200 \text{ GPa}$。试求：(1)各段杆截面上的内力和应力；(2)杆的总变形。

解：(1)画出杆的受力图，如图 2-33(b)所示。由整个杆的平衡求出反力：

$$\sum F_x = 0, \quad -R_A + P_1 - P_2 = 0$$

得 $$R_A = 20 \text{ kN}$$

(2)求各段杆截面上的内力(轴力)。

AB 段：

$$N_1 = R_A = 20 \text{ kN}$$

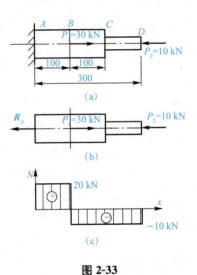

图 2-33

BC 段与 CD 段：

$$N_2 = R_A - P_1 = -10 \text{ kN}$$

(3) 画出轴力图，如图 2-33(c)所示。

(4) 计算各段应力。

AB 段：

$$\sigma_{AB} = \frac{N_1}{A_{AB}} = \frac{20 \times 10^3}{500} = 40 (\text{MPa})$$

BC 段：

$$\sigma_{BC} = \frac{N_2}{A_{BC}} = \frac{-10 \times 10^3}{500} = -20 (\text{MPa})$$

CD 段：

$$\sigma_{CD} = \frac{N_2}{A_{CD}} = \frac{-10 \times 10^3}{200} = -50 (\text{MPa})$$

(5) 计算杆的总变形。全杆总变形等于各段杆变形的代数和，即

$$\Delta l_{AD} = \Delta l_{AB} + \Delta l_{BC} + \Delta l_{CD} = \frac{N_1 l_{AB}}{EA_{AB}} + \frac{N_2 l_{BC}}{EA_{BC}} + \frac{N_2 l_{CD}}{EA_{CD}}$$

将有关数据代入，并考虑它们的单位和正负，即得

$$\Delta l_{AD} = \frac{1}{200 \times 10^9} \times \left[\frac{20 \times 10^3 \times 100 \times 10^{-3}}{500 \times (10^{-3})^2} - \frac{10 \times 10^3 \times 100 \times 10^{-3}}{500 \times (10^{-3})^2} - \frac{10 \times 10^3 \times 100 \times 10^{-3}}{200 \times (10^{-3})^2} \right]$$

$$= -1.5 \times 10^{-5} (\text{m}) = -0.015 \text{ mm}$$

计算结果为负，说明整个杆件是缩短的。

单元测试

(1) 试求图 2-34 所示各杆件的 1—1、2—2、3—3 横截面的轴力，并画出各杆的轴力图。

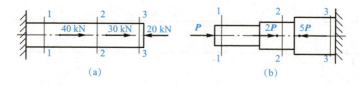

图 2-34

(2) 如图 2-35 所示，直杆的横截面积分别是 A、A_1，且 $A_1 = 0.5A$，长度为 l，弹性模量为 E，荷载如图 2-35 所示。试画出它的轴力图，并求出各段横截面上的应力及杆的绝对变形。

(3) 如图 2-36 所示，吊环螺钉 M12，其内径 $d_1 = 10.11$ mm，其材料的许用应力 $[\sigma] = 80$ MPa，试计算此螺钉能吊起的最大重力 P。

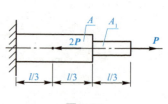

图 2-35

(4)如图 2-37 所示,三角架由 AB 与 BC 两根材料相同的圆截面杆构成,材料的许用应力 $[\sigma]$=100 MPa,荷载 P=10 kN。试设计两杆的直径。

(5)如图 2-38 所示,M12 螺栓的内径 d=10.1 mm,拧紧后在长度 l=80 mm 内的伸长量 Δl=0.003 mm,材料的弹性模量为 E=210 GPa。试计算螺栓横截面的应力和螺栓的预紧力。

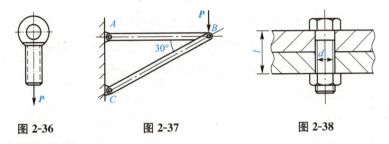

图 2-36　　　　图 2-37　　　　图 2-38

学习笔记:

单元 2.3　船体总纵强度分析

📚 学习目标

学习弯曲变形的特点，弯曲变形构件横截面上的内力分析；弯曲变形构件横截面上的应力分布规律，弯曲变形的强度与刚度准则的建立，弯曲变形构件强度与刚度分析，提高构件抗弯曲变形强度与刚度的措施；船体总纵强度简单分析。

🧰 任务分析

船体强度是指船舶的船体结构在规定条件下抵抗各种外力不致造成严重变形或破坏的能力。研究船体强度，就是为了保证所设计和建造的船舶在遇到或可能遇到的各种外力作用时，能满足设计要求，并能安全航行，并使船舶有较经济的结构重力和较好的施工性能。

如图 2-39 所示，船舶在外力作用下产生总的纵向弯曲。若船体结构的强度和刚性不足，就有可能使船体总体或局部的结构发生断裂或严重变形。船体结构抵抗纵向弯曲不使整个结构遭受破坏或严重变形的能力称为总纵强度。一旦船体结构遭到破坏或严重变形，船舶和人员的人身财产安全将会受到严重威胁。所以，船舶的总纵强度是船舶设计、制造和在使用过程中必须高度重视并密切关注的问题。

图 2-39

⌨ 任务实施

在研究船体强度与刚度时，可以将一艘船舶看作一个空心的箱形梁来进行研究，所以先要进行梁类构件的弯曲变形强度与刚度分析。

2.3.1　弯曲变形构件的失效分析

2.3.1.1　梁弯曲变形的特点

1. 平面弯曲与斜弯曲

（1）工程中的构件变形前的轴线为一直线，但是在变形后轴向由直线变成曲线，这样的变形称为弯曲变形。

(2)当所有外力均作用在杆件的纵向对称面上且与杆件的轴线垂直时,杆件的轴线由原来的直线变成一平面曲线且仍位于纵向对称面上,将这样的弯曲变形称为平面弯曲变形,如图 2-40 所示。

(3)当所有外力未全部作用在杆件的纵向对称面上时,杆件的轴线变形后全部位于纵向对称面上,将这样的弯曲变形称为**斜弯曲变形**。

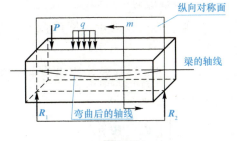

图 2-40

2. 平面弯曲梁的简化形式

(1)简支梁。梁的一端可简化为固定铰链支座,另一端可简化为滑动铰链支座的形式,如图 2-41(a)所示。

(2)外伸梁。梁的支撑形式与简支梁相同,但梁的一端(或两端)伸出支座之外的形式,如图 2-41(b)所示。

(3)悬臂梁。梁的一端为固定端,另一端为自由段的形式,如图 2-41(c)所示。

 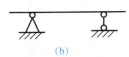 

(a)　　　　　　　　(b)　　　　　　　　(c)

图 2-41

2.3.1.2 弯曲变形内力分析

1. 内力分析

如图 2-42 所示,一受集中力 P_1、P_2、P_3 作用的简支梁,A、B 两处的支座反力为 R_A 和 R_B。应用截面法计算距离 A 端 x 处的横截面 $m—m$ 上的内力。

以左段梁为例,要使左段梁保持平衡,在 $m—m$ 截面上必有一向下的内力 Q 和位于梁纵向对称面内的、逆时针转向的内力偶 M。

根据平衡条件列平衡方程,可求出内力 Q 和内力偶 M 的大小。

同样,以右段梁为研究对象,也可求得 $m—m$ 截面上的内力 Q' 和内力偶 M',分别与 Q 和 M 的大小相等、方向相反。

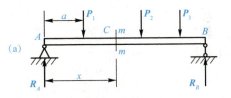

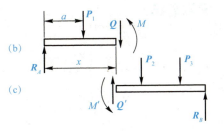

图 2-42

内力 Q 在横截面内且与横截面相切,说明此力对梁有剪切作用,称为该截面上的**剪力**;截面上的内力偶 M 对梁有弯曲作用,称为该截面上的**弯矩**。

剪力和弯矩的正负做以下规定：

(1)剪力的正负规定：使该截面的临近微段有顺时针转动趋势时，剪力取正；反之取负，如图 2-43 所示。

(2)弯矩的正负规定：使梁弯曲成下凸上凹形状时，弯矩为正；反之为负，如图 2-44 所示。

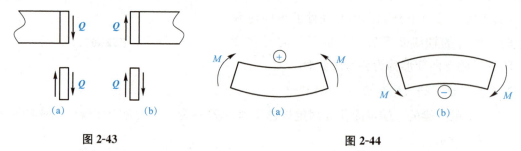

图 2-43　　　　　　　　　　　图 2-44

梁内任一截面上的剪力，等于截面任一侧(左或右)梁上外力的代数和；梁内任一截面上的弯矩，等于截面任一侧(左或右)梁上外力对该截面形心的力矩的代数和。

当应用外力和外力矩的代数和来计算剪力与弯矩时，外力正、负号的确定应遵循下述规则：

(1)计算剪力时，截面左侧向上的外力、右侧向下的外力取正号；截面左侧向下的外力、右侧向上的外力取负号。

(2)计算弯矩时，无论截面左侧还是右侧，向上的外力取正号，向下的外力取负号。

2. 剪力图与弯矩图

表示剪力和弯矩沿杆件轴线方向变化的图形，分别称为**剪力图**和**弯矩图**。它们是表示受弯曲变形杆件内力变化的图形。将梁轴线作为 x 轴，截面的位置可以用 x 表示，则 Q、M 都是 x 的函数，即

学习笔记：

$$Q=Q(x)$$
$$M=M(x)$$

以上两式分别称为**剪力方程**和**弯矩方程**。根据建立好的两个方程可画出剪力图和弯矩图。

【**实例分析 2-4**】 外伸梁 AB 的受力情况如图 2-45(a)所示,作梁的剪力图和弯矩图。

解:(1)依据平衡条件求支座反力。
$$R_A=28 \text{ kN},\ R_B=14 \text{ kN}$$

(2)分段建立剪力方程与弯矩方程。以梁 AB 的 A、C、B 三个点作为分界点将梁分为 CA 和 AB 两段。

1)CA 段:
$$Q(x)=-P=10 \text{ kN}$$
$$M(x)=-Px$$

2)AB 段:
$$Q(x)=-P+R_A-q(x-2)=26-4x$$
$$M(x)=-Px+R_A(x-2)-q(x-2)\times\frac{1}{2}(x-2)+m=-60+26x-2x^2$$

(3)依据剪力方程和弯矩方程画出剪力图与弯矩图,如图 2-45(b)、(c)所示。

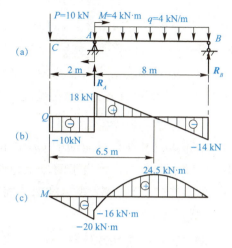

图 2-45

学习笔记:

2.3.1.3 梁弯曲强度准则及其在工程上的应用

一简支梁受力如图 2-46(a)所示，剪力图和弯矩图分别如图 2-46(b)、(c)所示。显然，梁 AB 在两相等集中力作用下 AC、DB 段既有剪力又有弯矩，这种情况称为**横力弯曲**；CD 段只有弯矩没有剪力，这种情况称为**纯弯曲**。

1. 梁横截面上的正应力

以图 2-47 中梁受纯弯曲的 CD 段作为研究对象来研究。梁 CD 段是纯弯曲，相当于两端受力偶（力偶矩 $M=Pa$）作用，如图 2-47(a)所示。观察纯弯曲时梁的变形，可以看出以下现象：

梁变形后，横向线Ⅰ—Ⅰ和Ⅱ—Ⅱ仍为直线且与梁的轴线垂直，但倾斜了一个角度，如图 2-47(b)所示；纵向线 ab 缩短了，而 cd 伸长了；由压缩过渡到伸长之间，有一条纵向线 OO' 的长度保持不变。纵向线将 OO' 看成材料的一层纤维，则这层纤维既不伸长也不缩短，称为**中性层**，中性层与横截面的交线称为**中性轴**，如图 2-47(c)所示。

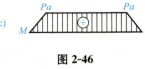

图 2-46

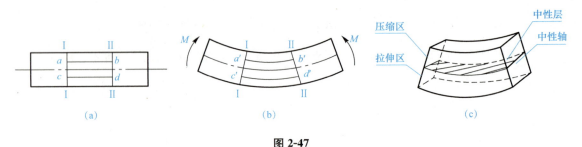

图 2-47

学习笔记：

根据观察到的现象,可以推断梁内的变形情况,梁的各纵向线受到轴向拉伸和压缩作用,因此横截面上只有正应力,而且正应力**沿梁高度呈线性分布,中性轴上各点的正应力为零,距离中性轴越远,正应力越大**,如图 2-48 所示。

梁横截面上任一点的弯曲正应力计算公式为

$$\sigma = \frac{My}{I_z} \tag{2-21}$$

式中 σ——横截面上某点处的正应力(MPa);
  M——横截面上的弯矩(N·m);
  y——横截面上该点到中性轴的距离(mm);
  I_z——横截面对中性轴 z 的惯性矩,$I_z = \int_A y^2 \mathrm{d}A$ (mm^4)(具体计算方法可查询相关手册)。

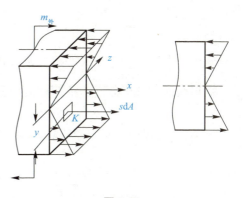

图 2-48

由式(2-21)可以看出,中性轴上 $y=0$ 时,$\sigma=0$;$y=y_{\max}$ 时,$\sigma=\sigma_{\max}$,最大正应力产生在距离中性轴最远的边缘上,即

$$\sigma_{\max} = \frac{My_{\max}}{I_z} \tag{2-22}$$

2. 梁横截面上的剪应力

当梁发生横力弯曲时,横截面上既有剪力又有弯矩。弯矩的影响可应用纯弯曲变形时弯矩产生的弯曲正应力的特点来研究。横截面作用的剪力在横截面上会产生剪应力。

如图 2-49 所示,对于高度大于宽度的截面来说,截面上各点处剪应力的方向均平行于横截面上的剪力 Q,剪应力沿截面宽度均匀分布,即距中性轴等距离各点的剪应力相等。可得到梁横截面上任一点的剪应力计算公式为

$$\tau = \frac{QS^*}{bI_z} \tag{2-23}$$

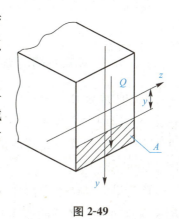

图 2-49

式中 τ——横截面上的剪应力(MPa);
  Q——横截面上的剪力(N);
  b——横截面的宽度(mm);
  S^*——横截面上距中性轴 y 处横截面外侧部分面积 A 对中性轴的静矩(mm^3)。

矩形截面梁剪应力 τ 沿截面高度按二次抛物线规律变化,上下边缘处 $\tau=0$,中性轴上各点的剪应力最大,$\tau_{\max} = 1.5 \dfrac{Q}{A}$。

3. 梁的强度计算

弯曲正应力强度设计准则为

$$\sigma_{\max}=\frac{M_{\max}}{W_z}\leqslant[\sigma] \tag{2-24}$$

式中，$W_z=\dfrac{I_z}{y_{\max}}$ 称为梁的**抗弯截面模量**(mm^3 或 m^3)。

矩形截面和圆形截面的抗弯截面模量为

矩形：$I_z=\dfrac{bh^3}{12}$；$W_z=\dfrac{I_z}{y_{\max}}=\dfrac{\frac{bh^3}{12}}{\frac{h}{2}}=\dfrac{bh^2}{6}$

圆形：$I_z=\dfrac{\pi d^4}{64}$；$W_z=\dfrac{\frac{\pi d^4}{64}}{\frac{d}{2}}=\dfrac{\pi d^3}{32}$

在应用强度条件公式进行强度计算时要特别注意，由于梁弯曲变形的特殊性，同一横截面上既有拉应力又有压应力。因此，对于拉压强度相等的材料，式(2-24)的应用不存在任何问题；对于拉压强度不相等的材料，则应对最大拉应力和最大压应力分别进行计算，即

$$\sigma_{l\max}\leqslant[\sigma_l]$$
$$\sigma_{y\max}\leqslant[\sigma_y]$$

式中，$[\sigma_l]$ 为材料许用拉应力，$[\sigma_y]$ 为材料许用压应力。

弯曲剪应力强度设计准则为

$$\tau_{\max}\leqslant[\tau] \tag{2-25}$$

2.3.1.4 梁弯曲刚度准则及其在工程上的应用

梁的刚度设计就是对梁的变形控制的设计。梁在受外力作用发生弯曲变形后，它的轴线由原来的直线变成一条连续而光滑的曲线，称为**挠曲线**，如图 2-50 所示。

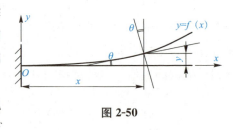

图 2-50

因为梁的变形是弹性变形，所以梁的挠曲线也称为弹性曲线。弹性曲线可以表示为函数式 $y=f(x)$，称为**弹性曲线方程或挠曲线方程**。梁在发生弯曲变形时会产生以下两个变化：

(1)梁弯曲时，轴线上的任一点(梁任一横截面的形心)在垂直于轴线方向上会产生一定的位移，这个位移称为该点的**挠度**。在图 2-50 中，到固定端的距离为 x 的点，其挠度为 y。一般规定：向上的挠度为正，向下的挠度为负，挠度的单位是 mm。

(2)梁弯曲时，梁的任一横截面都会产生绕中性轴相对于原来位置的转动，这个转动的角度称为该截面的**转角**。在图 2-50 中，到固定端的距离为 x 的截面，其转角为 θ。由图 2-50 中可以看出，转角其实就是挠曲线上某点的切线与梁轴线的夹角。转角的单位是弧度(rad)。一般规定：逆时针方向的转角为正，顺时针方向的转角为负。

因此，**梁的变形用挠度和转角两个量来表示**。梁的刚度设计也就是要对梁的挠度和转角进行控制。

在工程设计中，梁的刚度要求，就是要根据具体的技术要求，限制其最大挠度和转角（也有时要限制特定截面的挠度和转角）不超过规定的数值，即

$$y_{max} \leqslant [y] \tag{2-26}$$

$$\theta_{max} \leqslant [\theta] \tag{2-27}$$

式中 $[y]$——许用挠度；

$[\theta]$——许用转角。

式(2-26)、式(2-27)为梁的**刚度设计准则**，也称为**刚度条件**。式中许用挠度和许用转角是针对不同的技术要求而确定的，其值可从相关的设计规范中查得。

2.3.2 船体总纵强度分析简介

船体强度，按船体结构的受力状况，可分为总纵强度、横向强度、局部强度等。总纵强度对应的外力是总纵弯曲力，横向强度对应的外力是横向力，局部强度对应的外力是局部力。在研究船体强度时是将一艘船舶看作一个空心的箱形梁来进行研究的。

2.3.2.1 总纵弯曲

船体的总纵弯曲是指作用在船体上的重力、浮力、波浪水动力和惯性力等而引起的船体绕水平横轴的弯曲。其由静水总纵弯曲和波浪总纵弯曲两部分叠加而成。船体的总纵弯曲变形有中垂和中拱两种形式。将船中部向下的弯曲称为中垂弯曲，将船中部向上的弯曲称为中拱弯曲。

(1)静水总纵弯曲。船舶在静水中受到的外力有船舶及其装载的重力和水的浮力，某些区段重力大于浮力，而某些区段浮力大于重力。但是实际上船体是一个整体，不允许各区段上下自由移动，因此产生了整个船体在船长方向上的弯曲变形，称之为静水总纵弯曲。

> **学习笔记：**

(2)波浪总纵弯曲。如图 2-51 所示,船舶在波浪中航行时,船的重力分布不变,而浮力分布发生了变化,因为船体浸水体积随着波浪不断发生变化。因此,船体将受到一个因波浪引起的附加的总纵弯曲,称之为波浪总纵弯曲。

当波长与船长相等或接近时,船体的弯曲最严重。当波峰在船中时,会使船体发生中拱弯曲,此时船体的甲板受拉伸,底部受压缩;当波谷在船中时,会使船体发生中垂弯曲,此时船体的甲板受压缩,底部受拉伸。实际上,船是在波浪中航行的,因此,它的中拱弯曲和中垂弯曲是不断交替出现的。

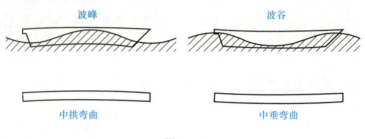

图 2-51

如果船舶在静水中已经有了中拱弯曲,则当它航行在两波谷之间时,中拱弯曲势必加剧;反之,如果船舶在静水中已经有了中垂弯曲,则当它航行在两波峰之间时,中垂弯曲也必然加剧,这对于船舶的强度是非常不利的。所以,为了尽量减少上述现象,必须妥善地调节船舶的重力分布,以减少船舶在静水中的总纵弯曲。

2.3.2.2 船体总纵强度简析

引起船体结构发生纵向弯曲变形的原因,主要是沿船长方向每一点上的重力和浮力分布不均匀。船体结构抵抗总纵弯曲力矩和剪力作用的能力称为船体总纵弯曲强度,简称总纵强度。

1. 总纵弯曲力矩和剪力

由于外力的作用,沿船长方向分布,作用在船体上向上和向下的负荷(单位船长上重力和浮力的差值),将会产生一种沿船长各区段上下参差不齐的变形趋势和纵向弯曲变形趋势,这种趋势使船体结构内部产生了总纵弯曲力矩和剪力。

总纵弯曲力矩是指作用于船体并使其沿船长方向发生弯曲的力矩,由静水总纵弯矩与波浪总纵弯矩两部分叠加而成。

(1)静水总纵弯矩。当船舶正浮于静水面上时,从表面上看,重力与浮力大小相等并处于平衡状态,但实际上组成船体各分段的重力与浮力最终平衡值通常是不相等的。这种重力与浮力沿船长方向的不均匀分布,在产生剪切应力的同时,也产生了总纵弯曲力矩,使船体发生总纵弯曲,如图 2-52(a)所示。弯矩的最大值在船中附近,向首尾端逐渐减小,如图 2-52(b)所示。

（2）波浪总纵弯矩。同样，重力与浮力沿船长方向分布不均匀而产生波浪总纵弯矩。且当波长与船长相等或接近时，该弯矩最为显著，对船体结构的威胁也最大。

2. 总纵弯曲时的受力特点

从同一个横剖面来看，结构位置距离中性面越远，其受力越大。即上甲板和船底要比下甲板受力大得多，舷侧外板中舷顶列板和舷底列板的受力要比其他舷侧外板受力大。

从船长方向看，船中部受总纵弯曲作用力大，并向首尾端逐渐减小到零。

作用在船体上的总纵弯曲力矩和剪力沿船长方向的分布规律如图 2-53 所示。

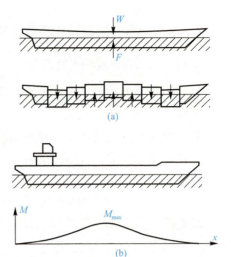

图 2-52

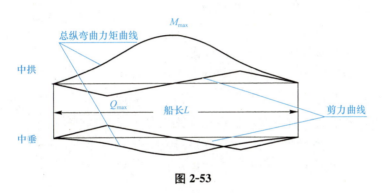

图 2-53

学习笔记：

2.3.3 梁弯曲强度及刚度改进措施

1. 提高梁弯曲强度的主要措施

提高梁弯曲强度是在不增加或少增加材料的前提下,使构件承受更大的荷载而不发生强度失效。

对于梁弯曲强度问题,只要降低危险面处的弯矩,或采用各种方法使危险面得以加固,就可以达到提高强度的目的。梁强度设计的主要依据为

$$\sigma_{max} = \frac{M_{max}}{W} \leqslant [\sigma]$$

因此提高梁弯曲强度,可以从两个方面入手:一种是通过改变支承与加力点的位置,或者通过辅助构件,使弯矩的峰值尽量减小。如图 2-54(a)所示的压力容器,支承向中间移动时,中间截面上的弯矩就逐渐减小,但支承处截面上的弯矩值逐渐增大,当两者数值相近时,这时的支承位置就比较合适。

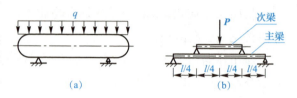

图 2-54

再如图 2-54(b)所示的简支主梁,若没有次梁,集中荷载直接作用在梁中点时,最大弯矩值 $M_{max} = Pl/4$。采用次梁之后,作用在主梁上的加力点发生变化,梁内最大弯矩值变为 $M_{max} = Pl/8$。通过将集中荷载分散作用在梁上,可使梁上的最大弯矩值得到一定的减小,同样可以提高梁的弯曲强度。

改变加力点的位置,减小最大弯矩或最大扭矩值,还可以通过调整结构中各零件的位置来实现。如图 2-55

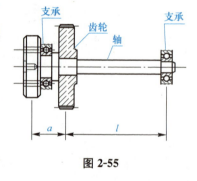

图 2-55

所示,齿轮轴上的齿轮,在不影响结构功能的情形下,越接近支承处,轴内的最大弯矩越小。

另一种是根据截面上应力分布的特点,选择经济、合理的截面形状。例如,根据梁横截面上正应力分布,在中性轴附近的材料没有充分利用,故可在不改变横截面积的情形下,将中性轴附近的材料移至距离中性轴较远处。据此,将截面设计成 I 形、圆管形或其他形状的空心截面,就能达到不增加材料而使强度提高的目的。因为 $\sigma_{max} = M_{max}/W$,显然,加大弯曲截面模量 W,可以达到提高强度的目的,但在增加 W 的同时,还应使横截面积不增加或很少增加,因为面积的增加意味着材料的消耗增加,这是不经济的。

因此,工程上利用弯曲截面模量与横截面积的比值 W/A 来衡量截面的合理性与经济效益。例如,对于立放的矩形截面,$W/A = 0.167h$;对于工字钢,$W/A = (0.27 \sim 0.31)h$;对于立放的槽形截面,$W/A = (0.27 \sim 0.31)h$;可见 I 形和槽形的经济性要比实心矩形截面好。又如直径为 D 的实心圆截面,$W/A = 0.125D$;而对于外径为 D、内径为 d、内外径之

比为 $d/D=\alpha$ 的圆管形截面，$W/A=(1+a^2)D/8$；当 $a=0.8$ 时，$W/A=0.205D$，可见圆管形截面比实心圆截面更合理、更经济。

另外，对于拉压强度不等的材料，如抗压力强度大，而抗拉强度差的材料，应采用 T 形这类中性轴与上、下边缘不等距的截面，并使距离中性轴较远的边受压应力，从而使材料得以充分利用。

2. 提高梁刚度的主要措施

提高梁刚度的主要措施是减小梁的弹性位移。弹性位移不仅与荷载有关，而且与杆长和梁或轴的刚度有关。对于梁，其长度对弹性位移影响较大，如对于集中力作用的情形，挠度和梁长的三次方量级成比例，转角则与梁长的二次方量级成比例。因此，减小弹性位移除采用合理的截面形状以增加惯性矩 I，主要是减少梁的长度 l，当梁的长度无法减少时，则需要增加中间支座。

另外，选用弹性模量 E 或剪切弹性模量 G 较高的材料也能提高构件的刚度。但是对于各种钢材，弹性模量的数值相差甚微，因而，与一般钢材相比，选用高强度钢材并不能提高构件的刚度。

需要指出的是，工程上对于某些构件有强度要求，对刚度也有相应的要求，即希望构件在保证强度要求的前提下，能产生较大的弹性位移，以增加其柔性，如汽车中的板簧即属此例。因此，工程上通常采用变截面等强度梁。

【实例分析 2-5】 矩形截面木梁的受力情况如图 2-56(a)所示，木材的许用应力 $[\sigma]=10$ MPa，设梁横截面的高度比 $h/b=2$，试选梁的横截面尺寸。

学习笔记：

解：由弯矩图可知［如剪力图及弯矩图的画法如图 2-56(b)、(c)所示］，梁的危险截面在距离左端 6.5 m 的截面上，危险截面上的弯矩 $M_{max}=24.5$ kN。由强度条件

$$\frac{M_{max}}{W_z} \leq [\sigma]$$

得 $W_z \geq \dfrac{M_{max}}{[\sigma]} = \dfrac{24.5 \times 10^3 \times 10^3}{10} = 245 \times 10^4 \text{(mm}^4\text{)}$

因 $W_z = \dfrac{bh^2}{6} = \dfrac{b(2b)^2}{6} = \dfrac{2}{3}b^3$

于是 $\dfrac{2}{3}b^3 \geq 245 \times 10^4$

所以 $b \geq \sqrt[3]{\dfrac{3}{2} \times 245 \times 10^4} = 154 \text{(mm)}$

$$h = 2b = 2 \times 154 = 308 \text{(mm)}$$

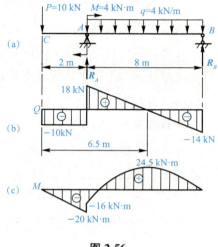

图 2-56

【**实例分析 2-6**】 T 形截面梁的受力及支承情况如图 2-57(a)所示，材料许用拉应力 $[\sigma_l]=32$ MPa，材料许用压应力 $[\sigma_y]=70$ MPa，其中 $I_z=40.3 \times 10^6 \text{ mm}^6$。试按正应力强度条件校核梁的强度。

解：(1) 作出 M 图［图 2-57(b)］。B 截面有最大的负弯矩，C 截面有最大的正弯矩。

(2) 校核强度。由于梁的抗拉压强度不同，所以最大正弯矩和最大负弯矩截面都需校核［图 2-57(c)］。

校核 B 截面(最大负弯矩截面)：
上边缘处的最大拉应力为

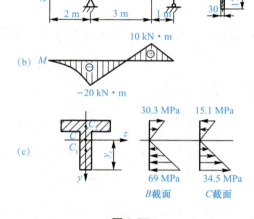

图 2-57

$$\sigma_{max} = \frac{M_B y_\pm}{I_z} = \frac{20 \times 10^3 \times 10^3 \times (200-139)}{40.3 \times 10^6} = 30.3 \text{(MPa)} < [\sigma_l]$$

下边缘处的最大压应力为

$$\sigma_{min} = \frac{M_B y_\mathrm{下}}{I_z} = \frac{20 \times 10^3 \times 10^3 \times 139}{40.3 \times 10^6} = 69 \text{(MPa)} < [\sigma_y]$$

校核 C 截面(最大正弯矩截面)：

因 $M_C < |M_B|$，$y_\pm < y_\mathrm{下}$，所以 C 截面上边缘的最大压应力一定小于 B 截面下边缘的最大压应力，也一定小于 $[\sigma_y]$，即 C 截面上边缘一定安全，不需校核。

下边缘处的最大拉应力为

$$\sigma_{max} = \frac{M_C y_\mathrm{下}}{I_z} = \frac{10 \times 10^3 \times 10^3 \times 139}{40.3 \times 10^6} = 34.5 \text{(MPa)} > [\sigma_l]$$

校核结果：梁不安全。C 截面弯矩的绝对值虽非常大，但因截面受拉边缘距中性轴较远，应力较大，而材料的抗拉强度又较小，所以此处可能发生破坏。

从本例可以看出，当材料的抗拉压性能不同、截面上、下又不对称时，对梁内最大正弯矩与最大负弯矩均应校核。

 单元测试

(1) 画出图 2-58 所示中各梁的 Q 图、M 图。

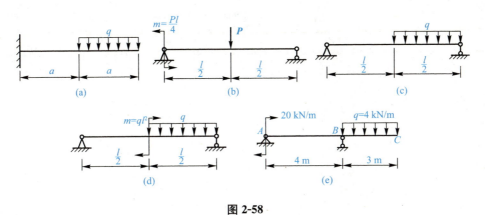

图 2-58

(2) 简支梁为矩形截面如图 2-59 所示。已知 $b \times h = 50 \text{ mm} \times 150 \text{ mm}$，$P = 16 \text{ kN}$。试求：①截面 1—1 上 D、E、F、H 等点的正应力的大小和正负；②梁的最大正应力；③若将梁的截面转 90°，则最大正应力是原来最大正应力的几倍？

(3) 圆轴材料的许用应力 $[\sigma] = 120 \text{ MPa}$，承载情况如图 2-60 所示。试校核其强度。

学习笔记：

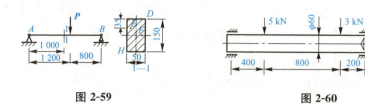

图 2-59　　　　　　　　　　　图 2-60

(4)如图 2-61 所示，梁的材料为铸铁。已知 $[\sigma_y]=100$ MPa，$[\sigma_l]=40$ MPa，截面对中性轴的惯性矩 $I_z=10^3$ cm^4。试校核其正应力强度。

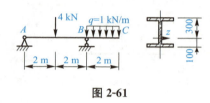

图 2-61

单元2.4 船用起重机吊臂失稳分析

学习目标

学习构件受轴向荷载作用下稳定性失效的特点，受压杆件的临界力与临界应力的概念及其分析方法，压杆稳定性失效判据及提高压杆稳定性的措施；船用构件稳定性简单分析。

任务分析

克令吊(Crane)，又称船用吊机、船用起重机，是船上的一种大甲板机械。它是一种船舶装卸货物的设备，如图 2-62 所示。克令吊按照吊臂形式可分为直臂、伸缩臂、折臂三种类型；按照动力源可分为手动、电动、液压三种类型。

图 2-62

任务实施

2.4.1 构件稳定性失效分析

在工程上，轴向压缩杆件（简称压杆）是非常普遍的，对于压杆特别是细长压杆，除了应考虑其强度与刚度外，还应考虑其稳定性问题。

例如，一根宽为 30 mm、厚为 5 mm 的矩形截面松木杆，对其施加轴向压力，如图 2-63 所示。设材料的抗压强度极限 $\sigma_b=40$ MPa，由实验可知，当杆很短时（设高为 30 mm），将杆压坏所需要的压力为

$$P=\sigma_b A=40\times10^6\times0.005\times0.03=6\,000(\text{N})$$

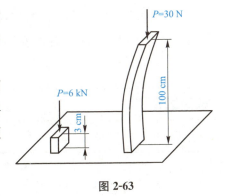

图 2-63

若杆长为 1 m，则只需要 30 N 的压力，杆就会变弯，若压力再增大，杆将产生显著的弯曲变形而失去工作能力。这说明，细长压杆丧失正常工作能力并不是因为其强度不够，而是由于其轴线不能维持原有直线形状的平衡状态，这种现象称为丧失稳定，简称**失稳**。

2.4.1.1 压杆稳定性的基本概念

如图 2-64(a)所示，对一细长直杆沿着直杆的轴线施加一个逐渐增大的压力 **P**。当 **P** 值

很小时，杆件在一微小的横向干扰力 Q 作用下产生微小弯曲变形，当干扰力 Q 去掉后，杆件能够恢复其原来的直线形状，如图 2-64(b) 所示。这表明受压杆件这时还有保持其原始直线形状的能力，说明杆件原来的直线形状的平衡状态是**稳定的平衡状态**。

当作用在杆上的轴向压力 P 超过某一限度时，在干扰力 Q 的作用下产生的变形不能恢复到原来的直线形状，而是在弯曲形状下保持新的平衡，如图 2-64(c) 所示。这表明受压杆件这时不具备保持其原始直线形状的能力，说明杆件原来的直线形状的平衡状态是**不稳定的平衡状态**。

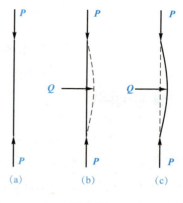

图 2-64

压杆的稳定性问题，就是针对受压杆件能否保持其原来的直线形状的平衡状态而言的。压杆能否保持稳定，与压力 P 的大小有着密切的关系。随着压力 P 的逐渐增大，压杆就会由稳定平衡状态过渡到不稳定平衡状态。通常将压杆从稳定平衡状态过渡到不稳定平衡状态时的压力称为**临界力**或**临界荷载**，以 P_{cr} 表示。

1. 临界力与临界应力的欧拉公式

当作用在压杆上的压力 $P=P_{cr}$ 时，杆在干扰力作用后将变弯。在杆的变形不大、杆内应力不超过比例极限的情况下，根据弯曲变形的理论可以求出临界力大小为

$$P_{cr}=\frac{\pi^2 EI}{(\mu l)^2} \tag{2-28}$$

式中　I——杆横截面对中性轴的惯性矩；

　　　μ——与支承情况有关的支撑系数，其值见表 2-2；

　　　l——杆的长度，而 μl 称为相当长度。

在临界力作用下，压杆横截面上的应力称为**临界应力**，以 σ_{cr} 表示。

> **学习笔记：**

根据计算临界力的欧拉公式，可以求得临界应力为

$$\sigma_{cr} = \frac{P_{cr}}{A} = \frac{\pi^2 EI}{A(\mu l)^2}$$

式中 σ_{cr}——压杆的临界应力；

A——压杆的横截面积。

若以 $I/A = i^2$ 代入上式，则得

$$\sigma_{cr} = \frac{\pi^2 E}{\left(\frac{\mu l}{i}\right)^2} = \frac{\pi^2 E}{\lambda^2} \quad (2\text{-}29)$$

式(2-29)中，i 称为截面的**惯性半径**，而 $\lambda = \mu l/i$ 称为压杆的**细长比**，它是一个无量纲的量。

λ 称为压杆的**柔度**，它是压杆稳定计算中的一个重要参数。λ 值越大，则杆件越细长，杆越易丧失稳定，其临界力越小；λ 值越小，则杆件越粗短，杆件越不易丧失稳定，其临界力越大。

表 2-2　不同支座情况下的支撑系数

支承情况	两端铰支	一端固定、一端铰支	两端固定	一端固定、一端自由
简图				
μ	1	0.7	0.5	2

2. 临界应力的经验公式

因为欧拉公式是在材料服从胡克定律的条件下导出的，所以欧拉公式的使用是有一定条件的。对于不能应用欧拉公式计算临界应力的压杆，可应用在实验基础上建立的经验公式计算。

一般将柔度 λ_p 和 λ_s 之间的压杆称为中柔度杆或中长杆，将柔度小于 λ_s 的压杆称为小柔度杆或粗短杆。

现将各类柔度杆的临界应力计算公式归纳如下：

(1) 对于细长杆 ($\lambda \geqslant \lambda_p$)，用欧拉公式计算：

$$\sigma_{cr} = \frac{\pi^2 E}{\lambda^2}$$

(2)对于中长杆($\lambda_s \leqslant \lambda < \lambda_p$),用经验公式计算:

$$\sigma_{cr} = a - b\lambda$$

(3)对于粗短杆($\lambda < \lambda_s$),用压缩强度公式计算:

$$\sigma_{cr} = \sigma_s$$

式中,a、b 及 λ_p 和 λ_s 都是与材料有关的参数,见表 2-3。

表 2-3 常用材料的 a、b 值

材料	a/MPa	b/MPa	λ_p	λ_s
A3 钢,10、25 钢	310	1.15	100	60
35 钢	469	2.62	100	60
45、55 钢	589	3.82	100	60
铸铁	338.7	1.483	80	—
木材	29.3	0.194	110	40

由临界应力公式可知,压杆的临界应力是柔度的函数。若以 σ_{cr} 为纵坐标、柔度 λ 为横坐标,按公式可画出如图 2-65 所示的直线经验公式临界应力总图。欧拉公式的适用范围可在此图上表示。曲线上的实线部分 BC 是适用部分;虚线 AC 由于应力已超过比例极限,为无效部分。对应于 C 点的柔度即 λ_p。

2.4.1.2 压杆稳定性设计

1. 稳定安全准则

只要压杆所承受的压力不达到临界力值,压杆的平衡就是稳定的。因此,必须使压杆所承受的工作荷载不大于临界力。实际上,为了使压杆具有足够的稳定性,不仅要使使用在压杆上的工作压力小于临界力,而且应有一定的安全余度。为了保证这个余度,压杆所承受的工作荷载必须满足下述条件:

$$P \leqslant \frac{P_{cr}}{[n_w]} \text{ 或 } \sigma \leqslant \frac{\sigma_{cr}}{[n_w]} \tag{2-30}$$

式(2-30)即**稳定安全准则**。式中,P_{cr}、σ_{cr} 是压杆的临界力和临界应力,P、σ 是压杆的工作压力和工作压应力,$[n_w]$ 称为压杆的**稳定安全系数**。

2. 安全系数法

基于稳定安全准则,令

$$n_w = \frac{P_{cr}}{P} \geqslant [n_w] \text{ 或 } n_w = \frac{\sigma_{cr}}{\sigma} \geqslant [n_w] \tag{2-31}$$

式中,σ 和 P 分别为杆件的工作应力和工作荷载,P_{cr} 和 σ_{cr} 分别为临界力和临界应力,

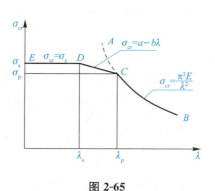

图 2-65

n_w 为压杆的**工作安全系数**；$[n_w]$ 表示要求受压构件必须达到稳定储备程度，称为规定的**稳定安全系数**。要使受压杆件具有足够的稳定性，就必须使工作安全系数大于规定的稳定安全系数，即

$$n_w \geqslant [n_w] \tag{2-32}$$

式(2-32)称为**压杆的稳定条件**。

2.4.1.3 提高压杆稳定性的实用措施

临界力的大小是衡量压杆稳定性强弱的重要依据，压杆的临界力大，其稳定性就高。所以，提高压杆的临界力或临界应力，就成为提高压杆稳定性的关键。临界应力 P_{cr} 不仅与材料的力学性质有关，还与压杆的柔度 λ 有关。而柔度又受到压杆长度、支承情况及截面惯性半径的影响。因此，可以根据这几个方面的因素，采取适当的措施来提高压杆的稳定性。

(1) 减小压杆的长度。减小压杆的长度，可以降低压杆的柔度，从而提高压杆的稳定性。所以，在条件允许的情况下，应尽力减小压杆的长度。在压杆的中间增加支座或支撑，也可以起到减小压杆长度的作用。

(2) 选择合理的截面形状。在截面积和其他条件相同的情况下，选择合理的截面形状能使临界应力提高。合理的截面形状是指在截面积相同时具有较大的轴惯性矩 I，这样就会使惯性半径 i 增大，而柔度 λ 减小，使临界应力得到提高。显然，材料质量远离中性轴是较为合理的。所以，空心圆管的临界力要比截面积相同的实心圆杆的临界力大。另外，杆端约束情况在各个方向上是相同时，压杆首先在轴惯性矩 I 小的方向上失稳。所以，应尽量使截面对任一形心轴的惯性矩 I 相同，从而使压杆在各个方向上都有相同的稳定性。

(3) 改善杆端的支承情况。不同的支承情况，影响支撑系数 μ。杆端约束的刚性越强，压杆的支撑系数就越小，相应的柔度就越低，稳定性就越高。固定端约束的刚性最强，铰接次之，而自由端的刚性最差。所以，应尽量加强杆端支承的刚性，使其稳定性得到提高。

学习笔记：

(4)合理选用材料。

1)对于大柔度杆,采用欧拉公式计算临界应力,故 σ_{cr} 与材料的弹性模量成正比,而与材料的强度指标无关。所以,对于 E 值大致相同的材料,就不必选用高强度的材料。如各种钢的 E 值相差不大,用高强度钢并不能提高临界应力,不如用普通钢更加经济。

2)对于中小柔度杆,由经验公式 $\sigma_{cr}=a-b\lambda$ 可知,临界应力 σ_{cr} 与材料的强度有关,所以,采用高强度钢可以提高其稳定性。

2.4.2 船用起重机吊臂失稳分析

1. 吊臂变形分析

克令吊工作时,吊臂仰角一般控制在 $27°\sim79°$。吊臂在不同仰角的工作状态下,受力均会发生变化,从而其失效的形式也会随之变化,如图 2-66 所示。

吊臂在工作中,无论在何种仰角状态下,变形形式均为压缩、弯曲组合变形状态。失效形式主要有压缩强度与刚度失效、弯曲强度与刚度失效及稳定性失效。

在实际工程中,吊臂的受力是极其复杂的,而且要考虑多种因素的影响。这里仅从理论上及在理想状态下,从工程力学角度上对其做简单分析。

图 2-66

2. 吊臂失效分析

大仰角下吊臂受力如图 2-67(a)所示。吊臂受自重 W、吊重 G、钢丝绳拉力 T(包括起重和变幅)及支座反力 R_x、R_y 的作用。吊臂在 W、G、T 三个力的 x 轴向的分力及力 R_x 作用下产生压缩变形,在 W、G、T 三个力的 y 轴向的分力及力 R_y 作用下产生弯曲变形,如图 2-67(b)所示。

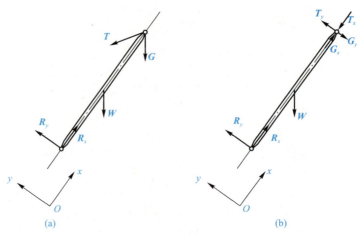

图 2-67

(1)强度计算。

$$\sigma = \frac{N}{A} + \frac{M}{W_j} \leqslant [\sigma] \tag{2-33}$$

式中　N——轴力(N)；

　　　A——横截面积(mm^2)；

　　　M——弯矩(N·mm)；

　　　W_j——净截面抗弯模量(mm^3)；

　　　$[\sigma]$——材料许用正应力(MPa)。

(2)稳定性计算。压弯组合变形稳定性计算公式有两种：一种是理论公式；另一种是经验公式(雅辛斯基公式)。在这里只介绍经验公式，即

$$\sigma = \frac{N}{\varphi_p A} + \frac{M}{W} \leqslant [\sigma] \tag{2-34}$$

式中　φ_p——实腹式杆件的稳定系数，可参考相关设计手册；

　　　W——杆件的毛截面抗弯模量。

对于压弯杆件的稳定性计算，因受力方式不一样，计算方法也不一样。其计算方法在钢结构规范及起重设备设计相关资料中探讨得比较详细，如有兴趣可以参考。

能力拓展

【实例分析2-7】　螺旋千斤顶如图2-68(a)所示。丝杠的长度为375 mm，直径为40 mm，材料为45号钢，最大起重力 **P** 为80 kN，规定的稳定安全系数$[n_w]=4$，试校核丝杠的稳定性。

解：(1)计算柔度。丝杠可简化为下端固定、上端自由的压杆，如图2-68(b)所示，故支撑系数$\mu=2$。因

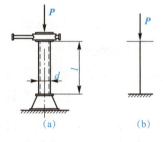

图 2-68

$$i=\sqrt{\frac{I}{A}}=\sqrt{\frac{\frac{\pi d^4}{64}}{\frac{\pi d^2}{4}}}=\frac{d}{4}=\frac{40}{4}=10(\text{mm})$$

故

$$\lambda=\frac{\mu l}{i}=\frac{2\times 375}{10}=75$$

(2) 计算临界力。因 $60=\lambda_s<\lambda<\lambda_p=100$，故此丝杠为中长杆，应采用经验公式计算临界压力。由表 2-3 查得 $a=589$ MPa，$b=3.82$ MPa。根据经验公式可得

$$\sigma_{cr}=a-b\lambda=(589-3.82\times 75)\times 10^6(\text{Pa})$$

于是可得临界力为

$$P_{cr}=\sigma_{cr}\cdot A=(589-3.82\times 75)\times 10^6\times \frac{\pi d^2}{4}$$

$$=(589-3.82\times 75)\times 10^6\times \frac{3.14\times 0.04^2}{4}$$

$$=381(\text{kN})$$

(3) 校核压杆的稳定性。

$$n_w=\frac{P_{cr}}{P}=\frac{381}{80}=4.76>4=[n_w]$$

所以此千斤顶是稳定的。

【实例分析 2-8】 受压杆件失稳方向的判断。如图 2-69 所示，矩形截面梁在力 P 的作用下有两种失稳的可能：一是绕中性轴 z 轴的方向失稳；二是绕中性轴 y 轴方向失稳。究竟是先向哪个方向失稳，这要通过截面绕中性轴 z、y 的两个方向上的临界应力来进行比较，分析如下：

$$\sigma_{cr}=\frac{\pi^2 E}{\left(\frac{\mu l}{i}\right)^2}=\frac{\pi^2 E}{\lambda^2}$$

$$\lambda=\frac{\mu l}{i}$$

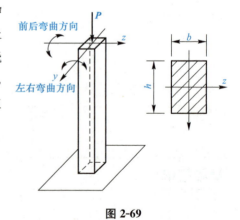

图 2-69

$$i_z=\sqrt{\frac{I_z}{A}}=\sqrt{\frac{\frac{bh^3}{12}}{b\times h}}=\frac{\sqrt{3}}{6}h$$

$$i_y=\sqrt{\frac{I_y}{A}}=\sqrt{\frac{\frac{hb^3}{12}}{b\times h}}=\frac{\sqrt{3}}{6}b$$

通过计算可知 $i_z>i_y$，可以推出 $\lambda_z<\lambda_y$，从而得出 $\sigma_{cr}^z>\sigma_{cr}^y$。所以，该杆件首先发生失稳的方向是以 y 轴为中性轴的方向（图示左右弯曲方向首先失稳）。

【实例分析 2-9】 在实际工程中失稳的其他形式介绍。

除了压杆，其他构件也存在稳定失效问题。例如，在内压作用下的圆柱形薄壳，壁内应力为拉应力，这就是一个强度问题。蒸汽锅炉、圆柱形薄壁容器就是这种情况。但如果圆柱形薄壳在均匀外压作用下，壁内应力变为压应力，则当外压达到临界值时，薄壳的圆形平衡就变为不稳定，会突然变成由虚线表示的长圆形，如图 2-70(a)所示。

与此相似，板条或 I 形梁在最大抗弯刚度平面内弯曲时，会因荷载达到临界值而发生侧向弯曲，如图 2-70(b)所示。

薄壳在轴向压力或扭矩作用下，会出现局部褶皱，这些都是稳定性问题。

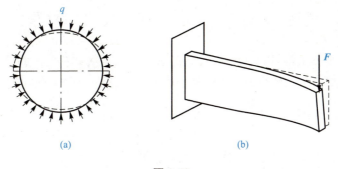

图 2-70

(1)如图 2-71 所示，三根材料相同、直径相等的杆件，试问哪一根杆的稳定性最差？哪一根杆的稳定性最好？

(2)如图 2-72 所示，压杆的材料为 A3 钢，$E=200$ GPa，横截面有四种几何形状，但其面积均为 3.6×10^3 mm^2，试计算它们的临界力，并比较它们的稳定性。

学习笔记：

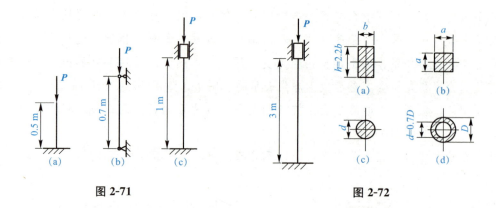

图 2-71 图 2-72

(3) 如图 2-73 所示，托架承受荷载 $F=10\times10^3$ N，已知 AB 杆的外径 $D=50$ mm，内径 $d=40$ mm，两端为球铰，材料为 Q235 钢，$E=200$ GPa，$\sigma_p=200$ MPa。若规定的稳定安全系数 $[n_w]=3$，试问 AB 杆是否稳定。

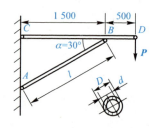

图 2-73

学习笔记：

单元 2.5 船舶轴系承载能力分析

🧰 任务分析

学习轮轴类构件的扭转变形的特点,轮轴类构件的扭转变形内力与应力分析,轮轴类构件强度与刚度准则的建立,轮轴类构件承载能力分析,提高扭转构件强度与刚度问题的解决措施;船舶轴系承载能力分析。

🧰 任务分析

轴系是指在推进装置中,从主机输出轴法兰到推进器,其间以传动轴为主的一整套设备组成的传动系统,如图 2-74 所示。其作用是将发动机的动力矩传递给推进器,以克服其在水中的阻力矩,同时,将推进器产生的推力传递给船体,克服航行时的阻

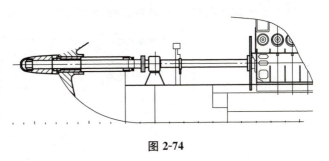

图 2-74

力。轴系包括推力轴、中间轴等传动轴,尾轴,推力轴承,中间轴承,尾轴承,轴承附件,润滑、冷却、密封装置等。

大型船舶由于船体刚度相对较弱,而船体变形较大,尤其是在遭遇荷载变化和风浪流等荷载时,由于推进轴系轴承固定在船舶双层底上,船体变形会使轴承支承状态发生改变,同时,也会通过轴承传递给推进轴系,可能导致轴系失中,从而引起其工作性能的改变。

📇 任务实施

2.5.1 扭转变形构件失效分析

1. 圆轴扭转强度分析

(1)圆截面轴扭转内力分析。如图 2-75 所示,圆截面轴扭转变形时的受力特点是在圆轴两端受垂直于圆轴的垂轴线的力偶矩作用(也可以说力偶矩矢平行于圆轴的轴线);变形特点是圆轴的横截面绕轴线发生相对转动。

在实际工程中,一般不直接给出作用在轴上的力偶矩值,而是根据所给定轴的转速和它所传递的功率,通过以下公式来确定 m:

$$m = 9\,550 \frac{P}{n} \qquad (2\text{-}35)$$

式中，m 为外力偶矩，单位是 N·m；P 为传递的功率，单位是 kW；n 为轴的转速，单位是 rad/min。

如图 2-76 所示，圆轴受扭转变形时横截面上的内力是作用在横截面上的一个力偶，通常称为**扭矩**，用 T 表示，用力偶平衡方程可求得扭矩的值。

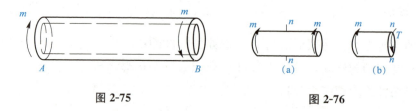

图 2-75   图 2-76

如图 2-77 所示，扭矩的转向有两种可能，规定：**按右手螺旋法则，将右手四指顺着扭矩转向，若大拇指所指的方向与截面外法线方向一致，则扭矩为正；反之扭矩为负**。

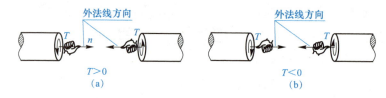

图 2-77

（2）扭矩图。表示扭矩沿杆件轴线方向变化的图形称为**扭矩图**。其是表示受扭转变形杆件内力变化的图形。

（3）圆轴扭转时横截面上的剪应力。横截面上任一点处的剪应力的大小，与该点到圆心的距离 ρ 成正比。也就是说，在截面上的圆心处，剪应力为零，在周边上剪应力最大。在同一圆周上即所有与圆心等距离的点处，剪应力均相等。剪应力的分布规律如图 2-78 所示，剪应力的方向与半径垂直。图 2-78(a)、(b)所示分别为实心圆轴和空心圆轴横截面上剪应力的分布规律图。

如图 2-78(c)所示，横截面上距离圆心 ρ 处的剪应力计算公式为

$$\tau_\rho = \frac{T\rho}{I_p} \tag{2-36}$$

式中，$I_p = \int_A \rho^2 \mathrm{d}A$ 与横截面的几何形状、尺寸有关，它表示截面的一种几何性质，称为**横截面的极惯性矩**，单位是 mm^4 或 m^4。

（4）圆轴扭转强度准则。对于确定的轴，T、I_p 都是定值，因为最大剪应力必在截面周边的各点上，即 $\rho = D/2$ 时 $\tau_\rho = \tau_{\max}$，故

$$\tau_{\max} = \frac{T}{W_p} \tag{2-37}$$

式中，$W_p = \dfrac{I_p}{\dfrac{D}{2}}$ 称为**抗扭截面模量**，单位是 mm^3 或 m^3。

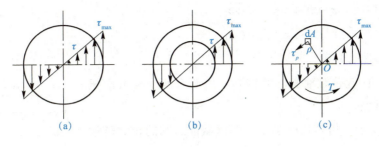

图 2-78

为了保证受扭转圆轴能安全可靠地工作，就必须使轴横截面上的最大剪应力满足下列条件：

$$\tau_{\max}=\frac{T}{W_p}\leqslant[\tau] \tag{2-38}$$

式(2-38)即圆轴扭转强度准则公式。式中$[\tau]$称为扭转许用剪应力。

圆形截面：$I_p = \int_A \rho^2 dA = \int_0^{\frac{D}{2}} 2\pi\rho^3 d\rho = \frac{\pi D^4}{32} \approx 0.1D^4$

$$W_p = \frac{I_p}{\frac{D}{2}} = \frac{\pi D^3}{16} \approx 0.2D^3$$

圆环形截面：$I_p = \int_A \rho^2 dA = \int_{\frac{d}{2}}^{\frac{D}{2}} 2\pi\rho^3 d\rho = \frac{\pi}{32}(D^4 - d^4) \approx 0.1(D^4 - d^4)$

$$W_p = \frac{I_p}{\frac{D}{2}} = \frac{\pi D^3}{16}(1-\alpha^4) \approx 0.2D^3(1-\alpha^4)$$

式中$\alpha = d/D$。

在静载作用下，材料的扭转许用剪应力与拉伸许用正应力之间有以下关系：

学习笔记：

对于塑性材料：$[\tau]=(0.5\sim0.6)[\sigma_l]$

对于脆性材料：$[\tau]=(0.8\sim1.0)[\sigma_l]$

2. 圆轴扭转刚度分析

轴的刚度设计就是对轴变形的控制，主要有两个参数即**扭转角**和**单位扭转角**。

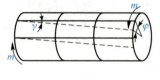

图 2-79

如图 2-79 所示，扭转角就是轴上两横截面之间的相对转过的角度，用符号 φ 来表示。

相距为 l 的两横截面之间的扭转角计算公式为

$$\varphi = \frac{Tl}{GI_p} \tag{2-39}$$

式中　T——横截面上的扭矩；

　　　l——两横截面之间的距离；

　　　G——材料的剪切弹性模量；

　　　I_p——横截面对圆心的极惯性矩。

式(2-39)称为等直圆轴扭转时扭转角计算公式。扭转角的单位是弧度（rad）。由式(2-39)可以看出，在扭矩一定的情况下，GI_p 越大，单位长度上的扭转角越小。这说明 GI_p 反映了圆轴抵抗扭转变形的能力，故称为**抗扭刚度**。

圆轴单位长度上的扭转角称为**单位长度扭转角**，用 θ 表示，则

$$\theta = \frac{\varphi}{l} = \frac{T}{GI_p} \tag{2-40}$$

式中，单位长度扭转角 θ 的单位是弧度/米（rad/m）。工程上常用度/米（°/m）作为 θ 的单位，则式(2-40)变为

$$\theta = \frac{T}{GI_p} \times \frac{180}{\pi} \tag{2-41}$$

学习笔记：

工程上，为了保证机械的传动性能和加工工件所要求的精度，通常要求轴的最大单位扭转角不能超过许用的单位扭转角$[\theta]$，即

$$\theta \leqslant [\theta] \tag{2-42}$$

这就是圆轴扭转刚度设计准则。将式(2-41)代入，则有

$$\theta = \frac{T}{GI_p} \times \frac{180}{\pi} \leqslant [\theta] \tag{2-43}$$

式(2-43)就是圆轴扭转**刚度准则**。

2.5.2 船舶轴系失效分析

1. 船舶轴系变形分析

船舶轴系一般由传动轴、轴承和轴系附件组成。其中，传动轴主要由推力轴、中间轴、艉轴(或称螺旋桨轴)组成；轴承主要由推力轴承、中间轴承、艉轴承构成；轴系附件主要由润滑、冷却、密封装置组成等。对于间接传动方式，还包括离合器、联轴器和减速器等。

轴系的作用是将柴油机曲轴的动力矩传递给螺旋桨，以克服螺旋桨在水中转动的阻力矩；同时，又将螺旋桨在水中旋转产生的推(拉)力通过推力轴承传递给船体，以克服船航行的阻力使船舶前进或回退。

轴系在运转中承受着复杂的应力和负荷，主要可以概括为以下几点：

(1)轴系因传递螺旋桨产生的推力或拉力而产生**压应力**或**拉应力**。

(2)轴系因扭转承受扭矩而产生**扭转剪应力**。

(3)轴系和螺旋桨本身的质量及其他附件的作用而产生**弯曲应力**。在风浪天，螺旋桨上下运动的惯性力还使艉轴受到额外的弯曲应力。

(4)由安装误差、船体变形、轴系的扭转振动、横向振动、纵向振动及螺旋桨不均匀、水动力作用等而产生**附加应力**。

轴系受到的外力作用具有周期变化的特征，使轴系的工作条件较为恶劣，经常出现损伤，严重时甚至发生断裂。

2. 船舶轴系强度分析

在本次任务中，仅从工程力学角度上且在理想状态下对船舶轴系强度问题进行简单分析。在实际工程中，轴系的强度受许多因素的影响要复杂得多。

(1)外力分析。图 2-80 所示为一船舶轴系轴，其工作时受到自重作用用荷载集度为 q 的分布荷载来表示，正车时螺旋桨对轴系及系统对轴系上的力用 N 来表示，螺旋桨自重及轴承作用于轴系上的力用 $P_1 \sim P_5$ 来表示，T 为轴系转动时受到的扭矩。

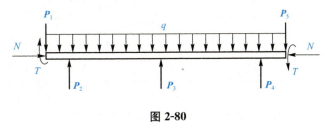

图 2-80

轴系在 N_1 和 N_2 的作用下产生压缩变形，在 $P_1 \sim P_5$ 的作用下产生弯曲变形，在 T_1 和

T_2 的作用下产生扭转变形。轴系的变形是压缩、弯曲和扭转三种变形组合在一起的组合变形。

(2)内力分析。如图 2-81 所示，轴力 N 在整个轴系上分布大小一样、对轴系各个部分的影响一样，弯矩存在最大值 M_{max}，扭矩在整个轴系上的分布也是一样。通过分析，轴系在弯矩值最大的截面为危险截面。

(3)应力分析。危险截面上存在压应力、弯曲正应力和扭转剪应力。其中，压缩压应力为 $\sigma^y = \dfrac{N}{A}$；弯曲正应力为 $\sigma^w = \dfrac{M}{W}$；扭转剪应力为 $\tau = \dfrac{T}{W_p}$。

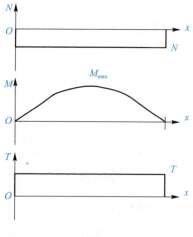

图 2-81

(4)强度分析。应用第三强度理论(最大剪应力理论)建立强度设计准则，即

$$\sigma_{xd} = \sigma_1 - \sigma_2 = \sqrt{\sigma^2 + 4\tau^2} \leqslant [\sigma]$$

压缩和弯曲变形产生的正应力可用几何叠加的方式合成，即 $\sigma = \sigma^y + \sigma^w$，将 σ 及 τ 代入上式，则有

$$\sigma_{xd} = \sqrt{\left(\dfrac{N}{A} + \dfrac{M}{W}\right)^2 + 4\left(\dfrac{T}{W_p}\right)^2} \leqslant [\sigma] \tag{2-44}$$

2.5.3 提高圆轴扭转变形的强度及刚度措施

在工程上，进行构件的设计时，常需要解决的问题是如何根据工程实际的需要，在不增加成本的情况下，最大限度地提高其承载能力。其实质就是如何提高构件的强度和刚度。

学习笔记：

由圆轴的内力分析、应力分析、强度和刚度的条件及材料的力学性能等知识可知,在实际工程中,可通过采用合理的材料、合理的加载方式、合理的截面形状等措施,以达到提高圆轴的强度和刚度的目的。

(1) 选择合理的材料。从材料的力学性能可知,优质材料的强度指标较高,选用优质材料可有效地提高构件的强度;弹性模量 E 和切边弹性模量 G 分别反映了材料抵抗拉压或剪切变形的能力,选用 E 和 G 值较大的材料,通常会明显地提高构件的刚度。

需要指出的是,各类钢材的 E、G 和 μ 差异不大,对于有刚度条件控制的设计,选用优质钢材对提高构件的刚度无明显的作用。故这类构件不宜片面地选用优质钢材。

(2) 选择合理的加载方式。对传动轴进行设计时,在结构允许的情况下,应尽量避免将最大荷载布置在轴的端部,以降低圆轴扭转时横截面上的最大扭矩值,达到降低传动轴的工作应力、减小变形和提高转动轴强度和刚度的目的。

(3) 选择合理的截面形状。圆轴扭转时,圆环形截面为合理的截面形状。如汽轮机大轴、汽车的传动轴、车床的主轴等都由空心圆轴制成。因为选用空心结构,使有效截面积远离形心分布,在同等的截面积情况下,可获得较大的 I_p 和 W_p 值,可相对地降低应力的最大值,以提高圆轴的强度与刚度。

能力拓展

【实例分析 2-10】 传动轴如图 2-82(a)所示。已知轴的转速 $n=200$ r/min,主动轮 1 输入的功率 $P_1=20$ kW,三个从动轮 2、3 及 4 输出的功率分别为 $P_2=5$ kW、$P_3=5$ kW、$P_4=10$ kW,试绘制轴的扭矩图。

解: 首先,计算作用在轮 1、2、3 及 4 上的外力偶矩 m_1、m_2、m_3、m_4。

学习笔记:

已知题中给出的是轴的转速及输入转出功率,因此必须进行转换,物理学中已经学过这个转换公式,在此可直接应用。

$$m_1 = 9\ 550\ \frac{P_1}{n} = 9\ 550 \times \frac{20}{200} = 955(\text{N} \cdot \text{m})$$

$$m_2 = 9\ 550\ \frac{P_2}{n} = 9\ 550 \times \frac{5}{200} = 239(\text{N} \cdot \text{m})$$

$$m_3 = 9\ 550\ \frac{P_3}{n} = 9\ 550 \times \frac{5}{200} = 239(\text{N} \cdot \text{m})$$

$$m_4 = 9\ 550\ \frac{P_4}{n} = 9\ 550 \times \frac{10}{200} = 478(\text{N} \cdot \text{m})$$

其次,求各段截面上的扭矩(分段应用截面法)。

沿截面Ⅰ—Ⅰ截开,取左侧为研究对象,如图 2-82(b)所示,求轮 2 至轮 3 之间截面上的扭矩 T_1。

$$\sum m = 0, \quad m_2 + T_1 = 0$$
$$T_1 = -m_2 = -239\ \text{N} \cdot \text{m}$$

沿截面Ⅱ—Ⅱ截开,取左侧为研究对象,如图 2-82(c)所示,求轮 3 至轮 1 之间截面上的扭矩 T_2。

$$\sum m = 0, \quad m_2 + m_3 + T_2 = 0$$
$$T_2 = -m_2 - m_3 = -239 - 239 = -478(\text{N} \cdot \text{m})$$

沿截面Ⅲ—Ⅲ截开,取左侧为研究对象,如图 2-82(d)所示,求轮 1 至轮 4 之间截面上的扭矩 T_3。

$$\sum m = 0, \quad -T_3 + m_4 = 0$$
$$T_3 = m_4 = 478\ \text{N} \cdot \text{m}$$

最后,画出扭矩图,如图 2-82(e)所示。

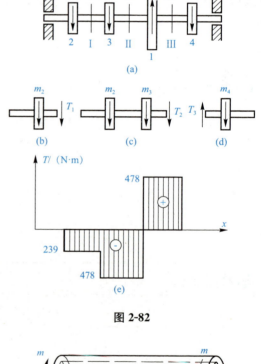

图 2-82

【实例分析 2-11】 汽车传动轴(图 2-83),由 45 号无缝钢管制成,外径 $D = 90$ mm,内径 $d = 85$ mm,许用应力 $[\tau] = 60$ MPa,传递的最大力偶矩 $m = 1.5$ kN·m。要求:(1)校核其强度;(2)若改用材料相同、扭转强度相等的实心轴,试确定其直径;(3)求空心轴与实心轴的重力比值。

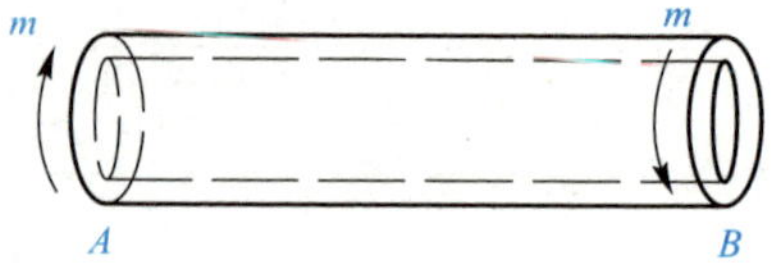

图 2-83

解:(1)校核扭转强度。传动轴 AB 各截面的扭矩均为

$$T = m = 1.5\ \text{kN} \cdot \text{m}$$

抗扭截面模量为

$$W_p = 0.2D^3(1-\alpha^4) = 0.2 \times 90^3 \times \left[1-\left(\frac{85}{90}\right)^4\right] = 2\,980 \times 10 (\text{mm}^3)$$

将以上数据代入式(2-38),得

$$\tau_{max} = \frac{T}{W_p} = \frac{1.5 \times 10^6}{29\,800} = 50.3(\text{MPa}) < [\tau]$$

传动轴强度足够。

(2)计算实心轴直径 d_1。圆轴扭转强度由其抗扭截面模量与材料许用应力的乘积($W_p \cdot [\tau]$)度量,因此,扭转强度相等的实心轴与空心轴,当材料相同时,它们的抗扭截面模量应相等,即

$$W_p = \frac{\pi d^3}{16} = \frac{\pi D^3}{16}(1-\alpha^4)$$

由此得实心轴直径 d_1 为

$$d_1 = D\sqrt[3]{1-\alpha^4} = 90 \times \sqrt[3]{1-\left(\frac{85}{90}\right)^4} = 53(\text{mm})$$

(3)两轴重力之比。当两轴的材料相同、长度相同时,它们的重力之比等于横截面积之比,设 G_1、G_2 分别为空心轴与实心轴重力,则

$$\frac{G_1}{G_2} = \frac{\frac{\pi}{4}(D^2-d^2)}{\frac{\pi}{4}d_1^2} = \frac{90^2-85^2}{53^2} = 0.311$$

【实例分析 2-12】 轴 AB 如图 2-84(a)所示,其转速 $n=120$ r/min,由皮带传动,输入功率 $P_1=40$ kW,由齿轮和联轴节输出的功率相等,均为 20 kW。设 $d_1=100$ mm,$d_2=80$ mm,$[\tau]=20$ MPa,试校核该轴的扭转强度。

解:(1)画出 AB 轴的扭转计算简图,如图 2-84(b)所示。计算外力偶矩:

$$m_1 = 9\,550\frac{P_1}{n} = 9\,550 \times \frac{40}{120} = 3\,183(\text{N}\cdot\text{m})$$

$$m_2 = m_3 = 9\,550\frac{P_2}{n} = 9\,550 \times \frac{20}{120} = 1\,592(\text{N}\cdot\text{m})$$

(2)分析危险截面。首先画出扭矩图,如图 2-84(c)所示。根据扭矩图与轴径的变化,可知,EC 和 CD 两段都可能出现危险截面,故需要分别校核。

EC 段:

$$\tau_{max1} = \frac{T}{W_p} = \frac{m_2}{0.2d_2^3} = \frac{1\,592 \times 10^3}{0.2 \times 80^3} = 15.5(\text{MPa}) < [\tau]$$

CD 段:

$$\tau_{max2} = \frac{T}{W_p} = \frac{m_1}{0.2d_1^3} = \frac{3\,183 \times 10^3}{0.2 \times 100^3} = 15.9(\text{MPa}) < [\tau]$$

通过计算可知,AB 轴是安全的。

【实例分析 2-13】 试校核【实例分析 2-11】中汽车传动轴的刚度,并按相同抗扭刚度设计实心轴直径 D_2(材料不变),最后比较实心轴与空心轴的重力。已知$[\theta]=2°/\text{m}$,$G=80$ GPa。

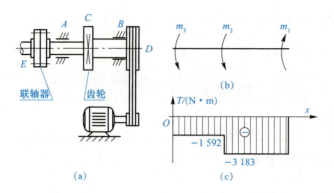

图 2-84

解：(1)校核刚度。

$$\theta = \frac{T}{GI_p} \times \frac{180}{\pi} = \frac{m \times 180}{G \times 0.1D^4(1-\alpha^4)\pi}$$

$$= \frac{1.5 \times 10^6 \times 180 \times 10^3}{80 \times 10^3 \times 0.1 \times 90^4 \times \left[1-\left(\frac{85}{90}\right)^4\right] \times 3.14} \approx 0.8(°/\text{m}) < [\theta]$$

故传动轴刚度足够。

(2)求 D_2 圆轴抗扭刚度为 GI_p，当材料相同时，两轴抗扭刚度相等的条件为两轴的极惯性矩相等，即

$$\frac{\pi D^4}{32}(1-\alpha^4) = \frac{\pi D_2^2}{32}$$

得

$$D_2 = D\sqrt[4]{1-\alpha^4} = 90 \times \sqrt[4]{1-\left(\frac{85}{90}\right)^4} \approx 61(\text{mm})$$

学习笔记：

空心轴与实心轴的重力比为

$$\frac{G_1}{G_2}=\frac{\frac{\pi}{4}(D^2-d^2)}{\frac{\pi}{4}D_2^2}=\frac{90^2-85^2}{61^2}\approx 0.235$$

刚度相等时，同样的空心轴重力，仅为实心轴重力的 23.5%。与【实例分析 2-11】中的 31.1% 相比，可以从扭转刚度考虑，采用空心轴更为合理。

单元测试

(1) 试画出图 2-85 中各轴的扭矩图，并求出 $|T|_{max}$。

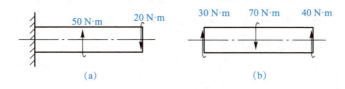

图 2-85

(2) 如图 2-86 所示，圆轴扭转时，横截面上 A、B 两点与圆心的距离分别为 $OA=30$ mm，$OB=50$ mm。已知 A 点的剪应力 $\tau_A=50$ MPa，试求 B 点剪应力大小，并标出其方向。

(3) 如图 2-87 所示，试求：轴 AB Ⅰ—Ⅰ 截面上距圆心 20 mm 各点的剪应力，并图示 A、B 两点剪应力的方向；Ⅰ—Ⅰ 截面的最大剪应力；AB 轴的最大剪应力。

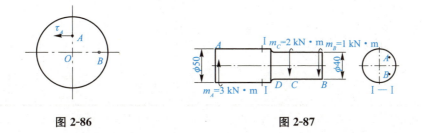

图 2-86　　　　　　　图 2-87

(4) 图 2-88 所示为一直径 $d=50$ mm 的圆轴，两端受 $m=1\,000$ N·m 的外力偶作用而发生扭转，轴材料的剪切弹性模量 $G=8\times 10^4$ MPa。试求：横截面上半径 $\rho_A=d/4$ 处的剪应力；单位长度的扭转角。

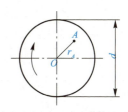

图 2-88

(5) 如图 2-89 所示，实心轴通过牙嵌离合器将功率传递给空心轴。传递的功率 $P=7.5$ kW，轴的转速 $n=100$ r/min，试选择实心轴直径 d 和空心轴外直径 d_2。已知 $\alpha=d_1/d_2=0.5$，$[\tau]=40$ MPa。

(6) 如图 2-90 所示，阶梯圆轴直径分别为 $d_1=40$ mm，$d_2=70$ mm，轴上装有三个带轮，已知 B 轮输入功率 $P_3=30$ kW，转速 $n=200$ r/min。A 轮与 D 轮的输出功率分别为 $P_1=$

13 kW，$P_2=17$ kW。材料许用应力$[\tau]=60$ MPa，切变模量$G=80$ GPa。许用单位长度扭转角$[\theta]=2°$/m。校核轴的强度和刚度。

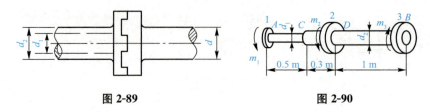

图 2-89　　　　　　　图 2-90

(7) 圆轴的直径$d=50$ mm，转速$n=120$ r/min。若该轴横截面上的最大剪应力为 60 MPa，传递的功率是多少？

(8) 空心钢轴的外直径$D=100$ mm，内直径$d=50$ mm。已知间距$l=2.7$ m的两横截面的相对扭转角$\varphi=1.8°$，材料的剪切弹性模量$G=8\times10^4$ GPa。求：轴的最大剪应力；当轴的转速$n=80$ r/min 时，轴传递的功率。

学习笔记：

单元 2.6　船用连接件承载能力分析

任务分析

学习连接件的受力特点，连接件的内力和应力分析，连接件的剪切和挤压强度准则的建立，连接件承载能力分析；船用连接件承载能力分析。

任务分析

船舶工程是一个系统的工程，一艘船是由许多构件有关联地整合在一起的。随着现代造船技术的发展，焊接船体取代了早期的铆接方式。在组成船舶形形色色的结构中，其他连接的方式也是多种多样的，如机械结构的螺栓连接、销连接，管系的法兰连接、螺纹连接，锚链系统的链环、卸扣连接，回转结构中的键连接等。在所有的连接件中，剪切和挤压失效都是避免不了的。而且这种失效对船舶系统的破坏力也是极大的，甚至还会引起灾难性的事故。所以，对于连接件的剪切和挤压失效的分析是十分必要的。

在本单元学习中，通过对船用连接件的剪切和挤压失效进行分析，找到解决剪切和挤压失效问题的方法。

任务实施

2.6.1　连接件失效分析

工程上的构件都是以某种方式连接起来才发挥相应的作用。螺栓、销钉和铆钉等是工程上常用的连接件。

由于应力的局部性质，连接件横截面上或被连接构件在连接处的应力分布是很复杂的，很难做出精确的理论分析。因此，在工程设计上大多采取**假定计算方法**，一是假定应力分布规律，由此计算应力；二是根据实物或模拟实验，由前面所述应力公式计算，得到连接件破坏时的应力值；再根据上述两个方面假定得到的结果，建立设计准则，作为连接件设计的依据。

2.6.1.1　连接件的特点

在构件连接处起连接作用的部件，称为**连接件**，如螺栓、铆钉、键、法兰等。连接件虽小，但起着传递荷载的作用。

(1)螺栓连接的特点：可传递一般力，可拆卸，如图 2-91(a)所示。

(2)铆钉连接的特点：可传递一般力，不可拆卸，如图 2-91(b)所示。如桥梁桁架节点处的连接。

(3)键连接的特点：传递扭矩，如图 2-92 所示。

(4)法兰连接的特点：可传递一般力，也可传递扭矩，可拆卸。

通过以上分析可以看出，无论螺栓、铆钉、法兰还是键连接，它们都起着连接构件传递力或力矩的作用。取出它们的工作部分来分析，如图 2-93 所示。

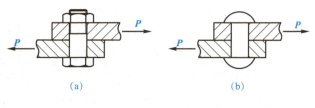

图 2-91

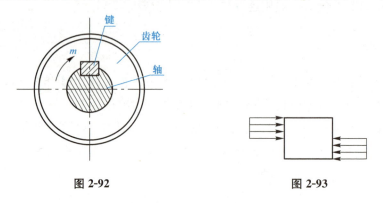

图 2-92　　　　　　　　　图 2-93

当构件受到一对等值、反向不共线且作用线距离很近的平行力的作用时，构件将产生**剪切破坏**。由于连接件是起着连接和传递荷载的作用，在系统中存在相互接触的接触面（如螺栓、铆钉及键与被连接构件的接触面），在这个接触面上会传递荷载。在荷载的作用下，表面强度较弱一方的接触表面上还会产生**挤压破坏**。

2.6.1.2　连接件的剪切与挤压假定计算

1. 剪切假定计算

铆钉、销钉、键等零件在工作时承受一对大小相等、方向相反、作用线相互平行且相距很近的力的作用，如图 2-94(a)所示。其主要失效形式之一是沿两力之间的截面发生剪切破坏，如图 2-94(c)所示，该截面称为**剪切面**。这时在剪切面上既有弯矩又有剪力，但弯矩较小，故主要是剪力引起的剪切破坏。

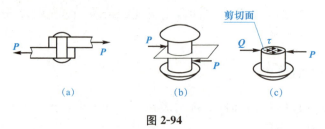

图 2-94

剪切面上的剪应力分布是比较复杂的，一般假定剪应力在截面上均匀分布，于是有

$$\tau = \frac{Q}{A} \tag{2-45}$$

式中，A 为剪切面的面积，Q 为剪切面上的剪力。

设计准则为

$$\tau = \frac{Q}{A} \leqslant [\tau] \tag{2-46}$$

式(2-46)也称**剪切强度条件**。其中，$[\tau]$ 为连接件**许用剪应力**。

剪切假定计算中的许用切应力 $[\tau]$ 与拉伸许用应力有关，对于钢材：

$$[\tau] = (0.75 \sim 0.80)[\sigma]$$

需要注意的是，在计算时，要正确确定几个剪切面，以及每个剪切面上的剪力。例如，图 2-94 所示的铆钉只有一个剪切面，而图 2-95 所示为有两个剪切面的情形。

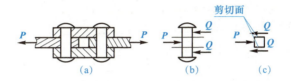

图 2-95

2. 挤压假定计算

在承载的情形下，连接件由其所连接的构件相互接触并产生挤压，因而，在两者接触面的局部区域产生较大的接触应力，称为**挤压应力**，用符号 σ_{jy} 表示。挤压应力是垂直于接触面的应力，常常与剪切伴生。这种挤压应力过大时，可使接触的局部区域产生过量的塑性变形，从而导致失效。

挤压接触面上的应力分布比较复杂，工程计算中采用简化的方法，即假定挤压应力在有效挤压面上均匀分布。有效挤压面简称**挤压面**，为总挤压力作用面的正投影面，如图 2-96 所示。若连接件直径为 d，连接板厚度为 δ，则有效挤压面面积为 δd。挤压应力为

> **学习笔记：**

$$\sigma_{jy} = \frac{P_{jy}}{A} = \frac{P_{jy}}{\delta d} \tag{2-47}$$

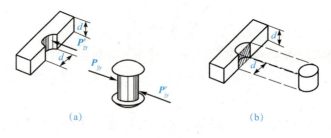

图 2-96

相应的强度设计准则为

$$\sigma_{jy} = \frac{P_{jy}}{\delta d} \leqslant [\sigma_{jy}] \tag{2-48}$$

式中，P_{jy} 为作用在连接件上的总挤压力，$[\sigma_{jy}]$ 为挤压许用应力。

对于钢材，$[\sigma_{jy}] = (1.7 \sim 2.0)[\sigma]$，其中 $[\sigma]$ 为许用应力。

2.6.2 船用连接件强度分析

1. 法兰连接螺栓计算

如图 2-97 所示，对于传递拉力及扭矩作用的法兰，连接螺栓主要受拉伸破坏、剪切破坏和挤压破坏。首先计算单个螺栓受力。

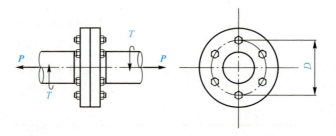

图 2-97

单个螺栓所受的轴向拉力为

$$N = \frac{P}{6}$$

单个螺栓所受的横向压力为

$$F = \frac{T}{3D}$$

螺栓拉伸强度为

$$\sigma = \frac{N}{A} = \frac{P}{6A} = \frac{2P}{3\pi d^2} \leqslant [\sigma]$$

螺栓剪切强度为

$$\tau=\frac{Q}{A}=\frac{F}{A}=\frac{4T}{3D\pi d^2}\leqslant[\tau]$$

螺栓挤压强度为

$$\sigma_{jy}=\frac{P_{jy}}{A_{jy}}=\frac{F}{A_{jy}}=\frac{T}{3D\delta d}\leqslant[\sigma_{jy}]$$

以上各式中，d 为螺栓直径，δ 为螺栓工作部分长度，$[\tau]$ 为螺栓材料的许用剪应力，$[\sigma_{jy}]$ 为螺栓材料的挤压许用应力。

2. 锚链卸扣销计算

如图 2-98 所示，锚链卸扣销受力的作用，主要发生弯曲、剪切和挤压破坏，但是弯曲变形的影响远小于剪切和挤压，可以忽略。所以，对其仅做剪切和挤压强度计算。

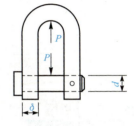

图 2-98

剪切强度：

$$\tau=\frac{Q}{A}=\frac{\frac{P}{2}}{\frac{\pi d^2}{4}}=\frac{2P}{\pi d^2}\leqslant[\tau]$$

挤压强度：

$$\sigma_{jy}=\frac{P_{jy}}{A_{jy}}=\frac{\frac{P}{2}}{\delta d}=\frac{P}{2\delta d}\leqslant[\sigma_{jy}]$$

3. 焊缝假定计算

对于主要承受剪切的焊缝，假定沿焊缝最小断面（剪切面）发生破坏。焊缝剪切面如图 2-99 所示。另外，还假定剪应力在剪切面上均匀分布。焊缝的剪切强度设计准则为

> **学习笔记：**

$$\tau = \frac{Q}{A} = \frac{Q}{\delta l \cos 45°} \leqslant [\tau]$$

式中，Q 为作用在单条焊缝最小断面上的剪力，δ 为图中所示钢板的厚度，l 为焊缝的长度。

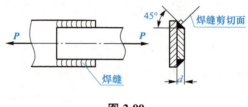

图 2-99

【实例分析 2-14】 如图 2-100 所示，在钢板铆接件中，已知钢板的拉伸许用应力 $[\sigma]=98$ MPa，挤压许用应力 $[\sigma_{jy}]=196$ MPa，钢板厚度 $\delta=10$ mm，宽度 $b=100$ mm；铆钉直径 $d=17$ mm，铆钉的许用剪应力 $[\tau]=137$ MPa，挤压许用应力 $[\sigma_{jy}]=314$ MPa。若连接件承受的荷载 $P=23.5$ kN。试校核钢板与铆钉的强度。

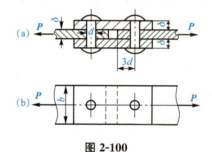

图 2-100

解：对于钢板，由于自铆钉孔边缘线至板端部的距离比较大，该处钢板纵向承受剪切的面积较大，因而具有较高的抗剪强度。因此，本例中只需校核钢板的拉伸强度和挤压强度，以及铆钉的挤压和剪切强度。现分别计算如下：

（1）对于钢板。

1）拉伸强度：考虑到铆钉孔对钢板的削弱，有

$$\sigma = \frac{N}{A} = \frac{P}{(b-d)\delta} = \frac{23.5 \times 10^3}{(100-17) \times 10^{-3} \times 10 \times 10^{-3}}$$

$$\approx 28.3 \times 10^6 (\text{Pa}) = 28.3 \text{ MPa} < [\sigma] = 98 \text{ MPa}$$

故钢板的拉伸强度足够。

2)挤压强度：在图 2-100 所示的受力情况下，钢板所受的总挤压力为 P，有效挤压面积为 δd，于是有

$$\sigma_{jy} = \frac{P_{jy}}{A_{jy}} = \frac{23.5 \times 10^3}{17 \times 10^{-3} \times 10 \times 10^{-3}}$$

$$\approx 138 \times 10^6 (\text{Pa}) = 138 \text{ MPa} < [\sigma_{jy}] = 196 \text{ MPa}$$

故钢板的挤压强度足够。

(2)对于铆钉。

1)剪切强度：在图 2-100 所示的情况下，铆钉有两个剪切面，每个剪切面上的剪力 $Q = P/2$，于是有

$$\tau = \frac{Q}{A} = \frac{\frac{P}{2}}{\frac{\pi d^2}{4}} = \frac{2P}{\pi d^2} = \frac{2 \times 23.5 \times 10^3}{3.14 \times 17^2 \times 10^{-6}}$$

$$\approx 51.8 \times 10^6 (\text{Pa}) = 51.8 \text{ MPa} < [\tau] = 137 \text{ MPa}$$

故铆钉的剪切强度足够。

2)挤压强度：铆钉的总挤压力与有效挤压面积均与钢板相同，而且挤压许用应力较钢板高。因钢板的挤压强度已校核是安全的。故无须重复计算。

所以，整个连接结构的强度足够。

【**实例分析 2-15**】 如图 2-101 所示，两块钢板 A 和 B 搭接焊在一起，钢板 A 的厚度 $\delta = 8$ mm。已知 $P = 150$ kN，焊缝的许用剪应力 $[\tau] = 108$ MPa。试求焊缝抗剪所需的长度。

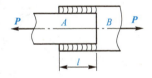

图 2-101

学习笔记：

解：在图 2-101 所示的受力情况下，焊缝主要承受剪切，两条焊缝上承受的总剪力 $Q=P$。

$$A=2\delta\cos 45°\,l$$

其中，$\delta=8$ mm，l 为未知量。由强度设计准则得

$$\tau=\frac{Q}{A}=\frac{P}{(2\times 8\times 10^{-3})\times 0.707\times l}\leqslant [\tau]$$

由此解得

$$l\geqslant \frac{P}{(1.414\times 8\times 10^{-3})\times [\tau]}=\frac{150\times 10^{3}}{1.414\times 8\times 10^{-3}\times 108\times 10^{6}}\approx 123\times 10^{-3}\,(\mathrm{m})=123\text{ mm}$$

考虑到在工程中开始焊接和焊接终了时的那两段焊缝有可能未焊透，实际焊缝的长度应稍大于计算长度。一般应在由强度计算得到的长度上加 2δ，δ 为钢板厚度。故焊缝长度可取 140 mm。

单元测试

(1) 如图 2-102 所示，已知轴的直径 $d=50$ mm，用平键与皮带轮连接，键的尺寸 $b=16$ mm，$h=10$ mm，键材料的 $[\tau]=80$ MPa，$[\sigma_{jy}]=240$ MPa，轴传递的力偶 $m=1\,600$ N·m。求键的长度 l。

(2) 试校核图 2-103 所示的榫接头的剪切和挤压强度。已知力 $P=150$ kN，尺寸 $a=12$ mm，$b=100$ mm，$l=30$ mm，接头材料的 $[\tau]=40$ MPa，$[\sigma_{jy}]=120$ MPa。

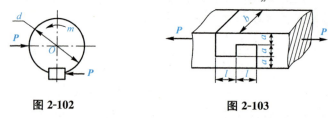

图 2-102　　　　　图 2-103

(3) 如图 2-104 所示，两块厚度为 10 mm 的钢板，若用直径为 17 mm 的铆钉铆接在一起，钢板的拉力 $P=60$ kN。已知 $[\tau]=40$ MPa，$[\sigma_{jy}]=280$ MPa。试确定铆接头所需要的铆钉数（假设每只铆钉的受力相等）。

(4) 如图 2-105 所示，两轴的凸缘用四只螺栓相连，螺栓均布于直径 $D=150$ mm 的圆周上。已知传递的力偶矩 $m=2\,500$ N·m，凸缘厚度 $h=10$ mm，螺栓材料为 A3 钢，$[\tau]=80$ MPa，$[\sigma_{jy}]=200$ MPa。试设计螺栓直径（假设每只螺栓的受力相等）。

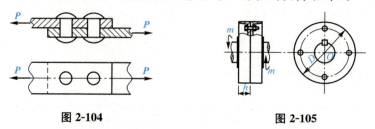

图 2-104　　　　　图 2-105

(5) 销钉式安全联轴器如图 2-106 所示,允许传递的外力偶矩 $m=3\times10^5$ N·mm,销钉材料的极限剪应力 $\tau_b=360$ MPa,轴的直径 $D=30$ mm,为保证 $m>33\times10^5$ N·mm 时销钉被剪断,求销钉的直径。

(6) 如图 2-107 所示,冲床的最大冲力为 400 kN,冲头材料的许用应力 $[\sigma]=440$ MPa,被冲剪钢板的剪切强度极限 $\tau_b=360$ MPa。求在最大冲力作用下所能冲剪的圆孔最小直径 d 和钢板的最大厚度 t。

(7) 如图 2-108 所示,螺栓受拉力 P 的作用,其材料的许用剪切应力 $[\tau]$ 与许用拉应力 $[\sigma]$ 之间的关系为 $[\tau]=0.6[\sigma]$。试计算螺栓直径 d 和螺栓头部高度 h 的合理比值。

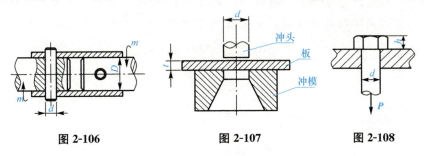

图 2-106   图 2-107   图 2-108

学习笔记:

模块 3　知识能力拓展

学习目标

完成构件在交变应力作用下的破坏形式的学习，完成应力集中相关知识的学习，完成曲轴在交变应力作用下的失效分析；学习薄壁容器的失效判据，完成船用压力容器的破坏分析；学习机械振动相关知识，完成船舶轴系扭转振动的简单分析，学习机械减振措施。

知识要点

（1）动荷载、交变应力、冲击荷载、应力幅、平均应力、应力循环特性、疲劳破坏、持久极限；

（2）应力集中、理论应力集中系数；

（3）薄壁容器、薄壁容器强度；

（4）机械振动、振幅、频率、圆频率、周期、自由振动、受迫振动、简谐振动、非简谐振动、随机振动、纵向振动、横向振动、扭转振动、单自由度振动、多自由度振动；

（5）惯性力、动静法、质点与质点系、达朗伯原理、质点运动惯性力分析、刚体运动惯性力分析。

单元 3.1　曲轴失效简析

学习目标

学习构件在交变应力作用下的破坏形式分析、应力集中现象的实质分析、曲轴在交变应力的作用下失效分析。

任务分析

如图 3-1 所示，曲轴又称曲拐轴，是一种使往复运动和回转运动可以互相转换并传递动力的轴。在柴油机中，曲轴主要由自由端（前端）、输出端（后端）和曲柄三部分组成。自由端是曲轴第一个曲柄以前的部分，其轴端常装有密封装置和附属装置的传动机件等，有的还装有扭振减振器；输出端是最后一个曲柄以后的部分，主要用以连接被带动的机械设备和安装飞轮,而其轴端也装有密封装置;曲柄是曲轴的基本组成部分,其由曲柄销、曲柄臂和主轴颈组成。曲轴安装在主轴承上,工作时它受到扭转、弯曲、压缩和拉伸等交变负荷作用,易引起疲劳破坏、振动和磨损。

在本单元的学习中,主要对曲轴的失效进行简单分析。

图 3-1

任务实施

3.1.1 交变荷载与应力集中

1. 动荷载作用下构件承载能力

当构件所受到的荷载是由零缓慢地增加到某一数值,以后保持不变时,这种荷载称为**静荷载**,由静荷载产生的应力,称为**静应力**,常用符号 σ_j 表示;当构件承受的荷载随时间明显变化,或构件内各质点的加速度不能忽略时,这种荷载称为**动荷载**,由动荷载产生的应力称为**动应力**,常用符号 σ_d 表示。

如果设静荷载下构件的许用应力为 $[\sigma]$,则动荷载作用下构件的强度条件为

$$\sigma_{dmax}=k_d\sigma_{jmax}\leqslant[\sigma] \tag{3-1}$$

式(3-1)中,k_d 称为**动荷载系数**。

学习笔记:

2. 交变应力分析

将随时间交替变化的应力称为**交变应力**。产生交变应力的原因有两种：一种是由于荷载的大小、方向或位置等随时间做交替的变化；另一种是虽然荷载不随时间变化，但构件本身在旋转。

如图 3-2(a)所示，最大应力 σ_{max} 与最小应力 σ_{min} 的比值称为**循环特征**或**应力比** r，即

$$r = \frac{\sigma_{min}}{\sigma_{max}} \tag{3-2}$$

最大应力 σ_{max} 与最小应力 σ_{min} 的代数平均值称为**平均应力** σ_m；最大应力 σ_{max} 与最小应力 σ_{min} 的代数差的一半称为**应力幅度** σ_a，即

$$\sigma_m = \frac{\sigma_{max} + \sigma_{min}}{2} = \frac{\sigma_{max}}{2}(1+r) \tag{3-3}$$

$$\sigma_a = \frac{\sigma_{max} - \sigma_{min}}{2} = \frac{\sigma_{max}}{2}(1-r) \tag{3-4}$$

在实际工程中，可以将交变应力归纳成以下几种类型：

(1)对称循环交变应力如图 3-2(a)所示。对称循环交变应力中 $\sigma_{max} = -\sigma_{min}$，故 $r = \frac{\sigma_{min}}{\sigma_{max}} = -1$。

(2)非对称循环交变应力如图 3-2(b)所示。非对称循环交变应力中 $\sigma_{max} \neq -\sigma_{min}$。

(3)脉动循环应力如图 3-2(c)所示。脉动循环应力中 $\sigma_{min} = 0$，故 $r = \frac{\sigma_{min}}{\sigma_{max}} = 0$。

(4)不变应力(静应力)如图 3-2(d)所示。这种应力也就是静荷载下的应力，这时 $\sigma_{max} = \sigma_{min}$，故 $r = \frac{\sigma_{min}}{\sigma_{max}} = 1$。

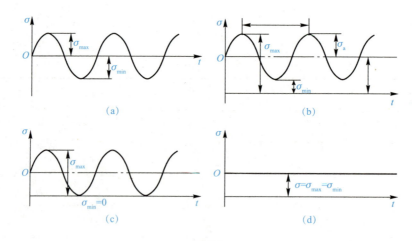

图 3-2

3. 应力集中简析

由于结构或工艺方面的要求，工程中构件的形态常常是比较复杂的，如机器中的轴常

常开有油孔、键槽、退刀槽，或留有凸肩而使轴成为阶梯轴，因而使截面尺寸发生突然变化。在突变处截面上的应力呈不均匀分布，在孔、槽附近的局部范围内应力显著增大，而在较远处又渐趋均匀。这种由于截面的突然变化而产生的应力局部增大现象，称为**应力集中**。如图 3-3 所示，孔边或槽边的应力 σ_{max} 远比均匀应力高。σ_{max} 与 σ 之比，称为**理论应力集中系数**，以 α 表示，即

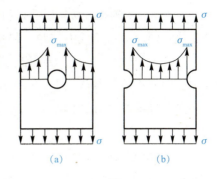

图 3-3

$$\alpha = \frac{\sigma_{max}}{\sigma} \quad (3-5)$$

在图 3-3(a)所示的情形下，理论应力集中系数约为 3，而在图 3-3(b)所示的情况下，理论应力集中系数约为 2。

在静荷载作用下，应力集中对塑性材料和脆性材料的强度产生的影响是不同的。在图 3-4(a)中，表示有小圆孔的杆件在拉伸时孔边产生应力集中。

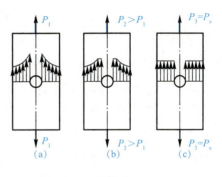

图 3-4

(1)对于塑性材料，当孔边附近的最大应力达到屈服极限时，杆件只在此局部产生塑性变形。如果荷载继续加大，则孔边两点的变形继续增加而应力不再增大，其余各点的应力尚未达到 σ_s，仍然随着荷载的增加而增大，如图 3-4(b)所示。当整个截面上的应力都达到屈服极限 σ_s 时，应力分布趋于均匀，如图 3-4(c)所示。这个过程对于杆件的应力起了一定的松弛作用。因此，塑性材料在静荷载作用下，其应力集中对强度的影响较小。

学习笔记：

（2）对于脆性材料，则与塑性材料完全不同。因为它无屈服阶段，直到破坏仍无明显的塑性变化，因此无法使应力松弛，局部应力随荷载的增加而上升。当最大应力达到强度极限时，就开始出现裂缝，很快导致整个构件破坏。因此，应力集中严重降低脆性材料构件的强度。即使在静荷载作用下，一般也应该考虑应力集中对材料承载能力的影响。

在具有周期性的外力作用下，无论塑性材料还是脆性材料，应力集中都会影响构件的强度。

为了消除应力集中的影响，除了设计时尽量减少切口、开口、突变外，还常在构件截面突变的部分采用渐变、导角或圆弧结构，这样可使应力集中现象大大减少。

3.1.2 曲轴主要失效简析

在发动机实际运行过程中，曲轴所承受的荷载主要是弯曲、扭转复合荷载。弯曲疲劳破坏是曲轴失效的常见形式，而在发动机输出功率较大、曲轴承受扭矩较大的情况下，扭转疲劳破坏则成为主要失效形式。

如图3-5所示，曲轴在工作中承受着周期性变化的各种力和力矩的作用，这些力和力矩在曲轴内部产生迅速变化的交变应力，并导致曲轴的扭转振动和弯曲振动的产生，从而引起附加的振动应力。由于曲轴形状复杂，截面变化较多，刚性不足，因而存在严重的应力集中现象，使某些部位的交变应力达到很高的数值，从而引起疲劳裂纹的产生。疲劳裂纹如果没有及时发现，在柴油机继续工作过程中逐渐扩大，最终导致曲轴断裂。

图 3-5

3.1.2.1 材料的疲劳破坏

金属在交变应力作用下发生的断裂称为**疲劳断裂**。金属的疲劳断裂和静荷载断裂有本质的区别。

1. 疲劳断裂的主要特点

构件在交变应力长期的作用下，即使其最大工作应力远小于其静荷载下的强度极限应力，也会出现突然断裂；金属疲劳断裂时，其断面如图3-6所示，存在裂纹源、光滑区和粗糙区；即使是塑性很好的材料，也常常在没有明显的塑性变形情况下发生脆性断裂。

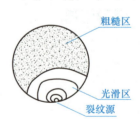

图 3-6

2. 材料的持久极限

在交变荷载作用下，构件内应力的最大值（绝对值）低于某一极限，则此构件可以经历无数次循环而不断裂，将这个应力值称为**持久极限**，用σ_r表示，r为交变应力的**循环特征**。

构件的持久极限与循环特征有关，构件在不同循环特征的交变应力作用下有着不同的持久极限，其中对称循环下的持久极限 σ_{-1} 最低。因此，通常将 σ_{-1} 作为材料在交变应力上的主要强度指标。

通过材料的疲劳试验，以最大应力为纵坐标，以断裂时的循环次数 N 为横坐标，绘制成一条 σ_{max}—N 曲线，这条曲线就称为**疲劳曲线**，如图 3-7 所示。当试件经历无限次循环而不发生疲劳断裂时，对应的应力值称为材料的持久极限 σ_{-1}。各种材料的持久极限还可以从有关手册中查得。

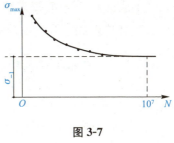

图 3-7

3. 影响持久极限的因素

材料的持久极限与试件的形状、尺寸、表面加工质量及工作环境等许多因素有关。因此，在实际工作中，构件的持久极限与上述标准试件的持久极限并不完全相同，影响材料持久极限的主要因素可归结为以下三个方面。

(1)应力集中的影响。由于工艺和使用要求，构件常需要钻孔、开槽或设计台阶等，这样，在截面尺寸突变处就会产生应力集中现象。由于构件在应力集中处容易出现微裂纹，从而引起疲劳断裂，因此，构件的持久极限要比标准试件的持久极限低。

(2)构件尺寸的影响。相同材料、相同形状的构件，若尺寸大小不同，其持久极限也不同。构件尺寸越大，其内部所含的杂质和缺陷随之增多，产生疲劳裂纹的可能性就越大，材料的持久极限也会相应降低。

(3)表面加工质量的影响。构件的最大应力产生在表层，疲劳裂纹也会在此形成。构件的表面加工质量若较低，就会因表面存在刀痕或擦伤而引起大量的应力集中，更多的疲劳裂纹将会在表面产生并扩展，材料的持久极限就会随之降低。

> **学习笔记：**

随着表面加工质量的降低,高强度钢的 σ_{-1} 值下降更为明显。因此,优质钢材必须进行高质量的表面加工才能提高疲劳强度。另外,强化构件表面,如对表面进行渗氮、渗碳、滚压、喷丸处理或采取表面淬火等措施,也可以提高构件的持久极限。

3.1.2.2 曲轴失效简析

1. 曲轴疲劳裂纹的形式

(1)弯曲疲劳裂纹。曲轴弯曲疲劳裂纹一般发生在应力集中严重的曲柄销或主轴颈与曲柄臂连接的过渡圆角处,并逐渐发展成横断曲轴或曲柄臂的裂纹,如图3-8所示。

曲轴弯曲疲劳裂纹多发生在曲轴中部的曲柄臂或曲柄销处,该裂纹的产生主要是主轴承的不均匀磨损造成曲轴轴线不正,使附加弯曲应力过大所致。

(2)扭转疲劳裂纹。曲轴在扭转力矩作用下产生交变的扭转应力,同时,扭转振动还产生附加的交变应力,两种应力的共同作用会引起曲轴产生扭转

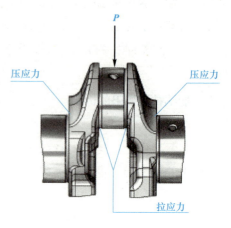

图 3-8

疲劳裂纹。扭转疲劳裂纹多发生在应力集中严重的油孔或轴颈过渡圆角处,并由此沿与轴线约成45°的两个方向在轴颈上逐渐延伸。

(3)弯曲—扭转疲劳裂纹。曲轴的疲劳破坏还可以由弯曲和扭转的综合作用造成。一般是由于主轴承的不均匀磨损造成曲轴的弯曲疲劳,产生直的裂纹,然后在弯曲和扭转的综合作用下使曲轴遭到破坏。最后的断裂面与轴线约成45°,断面上从疲劳源起大约2/3的断面为波纹区,呈暗褐色;断裂前约1/3的断面为最后断裂区,断面上凹凸较多,晶粒明亮。呈波纹状的纹理是由弯曲疲劳造成的,呈放射状的纹理是由扭转疲劳造成的。

2. 曲轴产生疲劳裂纹的原因

(1)曲轴材料的缺陷。制造曲轴的毛坯中可能存在缩孔、气孔、夹渣及组织偏析等缺陷,这些缺陷本身会引起应力集中,当它们处在圆角和油孔等应力集中的部位时就更易引起裂纹或断裂等事故发生。

(2)设计问题。加工和修理工艺上的缺陷包括轴颈和曲柄臂过渡圆角半径设计和加工不够大,轴颈边缘圆角过小及粗糙度过低,加工修理时不小心有刀痕和碰伤,这些缺陷都会使应力集中而产生裂纹。

(3)应力集中。应力集中是曲轴产生裂纹的主要原因。柴油机运转时,由于曲轴上各缸沿轴线方向回转时受力的急剧变化及曲轴轴线方向上各缸受力的不均匀,使曲轴内部的应力分布极不均匀,从而在曲柄臂与轴颈相接的过渡圆角处及油孔周围产生高度的应力集中。曲轴工作时,除承受各种力和力矩的作用外,还同时承受这些力和力矩引起的附加振动应力的作用。当曲轴的自振频率较低时,在柴油机工作转速范围内就可能产生共振,由于共

振时振幅大大增加，导致产生更大的振动应力，引起曲轴的破坏。

在对称循环下，构件疲劳强度计算的基本步骤如下：

(1)根据已知数据，查表确定构件的有效应力集中系数 $K_\sigma(K_\tau)$、尺寸系数 $\varepsilon_\sigma(\varepsilon_\tau)$ 和表面质量系数 β。

(2)计算构件的最大工作应力 $\sigma_{max}(\tau_{max})$。

(3)计算构件的工作安全系数 $n_\sigma(n_\tau)$，再用构件的疲劳强度条件进行强度计算。

对于非对称循环，可看作在其平均应力 σ_m 上叠加一个幅度为 σ_a 的对称循环。因此，只要在对称循环的公式中增加一个修正项，即可得到非对称循环下构件的疲劳强度条件

$$n_\sigma = \frac{\sigma_{-1}}{\frac{K_\sigma}{\varepsilon_\sigma \beta}\sigma_a + \psi_\sigma \sigma_m} \geq n \tag{3-6}$$

$$n_\tau = \frac{\tau_{-1}}{\frac{K_\tau}{\varepsilon_\tau \beta}\tau_a + \psi_\tau \tau_m} \geq n \tag{3-7}$$

式中，ψ_σ、ψ_τ 是与材料有关的常数，可以从有关设计手册中查得。

一般来说，对 $r>0$ 的情况，还需要补充静强度校核，补充公式为

$$n_\sigma = \frac{\sigma_s}{\sigma_{max}} \geq n_s \tag{3-8}$$

【实例分析3-1】 如图3-9所示，圆杆上有一个沿直径的贯穿圆孔，不对称交变弯矩 $M_{max}=5M_{min}=512$ N·m，材料为合金钢，$\sigma_s=540$ MPa，$\sigma_b=950$ MPa，$\sigma_{-1}=430$ MPa，$\psi_\sigma=0.2$。圆杆表面经磨削加工。若规定的安全系数 $n=2$，$n_s=1.5$，试校核此杆的疲劳强度。

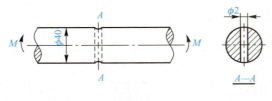

图3-9

解：(1)计算圆杆的工作应力。

$$W = \frac{\pi}{32}d^3 = \frac{\pi}{32} \times 4^3 \approx 6.28 (\text{cm}^3)$$

$$\sigma_{max} = \frac{M_{max}}{W} = \frac{512}{6.28 \times 10^{-6}} \approx 81.5 \times 10^6 (\text{Pa}) = 81.5 \text{ MPa}$$

$$\sigma_{min} = \frac{1}{5}\sigma_{max} = 16.3 \text{ MPa}$$

$$r = \frac{\sigma_{\min}}{\sigma_{\max}} = \frac{1}{5} = 0.2$$

$$\sigma_m = \frac{\sigma_{\max} + \sigma_{\min}}{2} = \frac{81.5 + 16.3}{2} = 48.9 \text{(MPa)}$$

$$\sigma_a = \frac{\sigma_{\max} - \sigma_{\min}}{2} = \frac{81.5 - 16.3}{2} = 32.6 \text{(MPa)}$$

(2) 确定系数 K_σ、ε_σ、β。按照圆杆的尺寸，$d/d_0 = 2/40 = 0.05$。从有关手册查得，当 $\sigma_b = 950$ MPa 时，$K_\sigma = 2.18$，$\varepsilon_\sigma = 0.77$。表面经磨削加工的杆件，$\beta = 1$。

(3) 疲劳强度校核。

由式(3-6)计算工作安全系数：

$$n_\sigma = \frac{\sigma_{-1}}{\frac{K_\sigma}{\varepsilon_\sigma \beta}\sigma_a + \psi_\sigma \sigma_m} = \frac{430}{\frac{2.18}{0.77 \times 1} \times 32.6 + 0.2 \times 48.9} \approx 4.21 > n = 2$$

所以疲劳强度是足够的。

(4) 静强度校核。因为 $r = 0.2 > 0$，所以需要校核静强度。

$$n_\sigma = \frac{\sigma_s}{\sigma_{\max}} = \frac{540}{81.5} = 6.63 > n_s = 1.5$$

所以静强度条件也是满足的。

学习笔记：

单元 3.2 船用压力容器破坏分析

📚 学习目标

学习薄壁容器的受力特点、薄壁容器的内力与应力分析、薄壁容器的强度分析,船用压力容器失效简单分析。

🧰 任务分析

压力容器(Pressure Vessel)是指盛装气体或者液体,承载一定压力的密闭设备,如图 3-10 所示。压力容器的用途极为广泛,它在工业、民用、军工等许多部门,以及科学研究的许多领域都具有重要的地位和作用。其中以在化学工业与石油化学工业中的应用最多,仅在石油化学工业中应用的压力容器就占全部压力容器总数的 50% 左右。压力容器在化工与石油化

图 3-10

工领域,主要用于传热、传质、反应等工艺过程,以及贮存、运输有压力的气体或液化气体;在其他工业与民用领域也有广泛的应用,如空气压缩机。各类专用压缩机及制冷压缩机的辅机(冷却器、缓冲器、油水分离器、贮气罐、蒸发器、液体冷却剂贮罐等)均属压力容器。

船舶工业的船用压力容器有很多,如船用锅炉、存储罐、各种气瓶及系统控制系统的气瓶等。因为船用压力容器的运用特征及其内部介质的化学技术特性,船用压力容器对船舶来说既是必需的动力设备,又是容易产生爆炸危险的受压设备。所以,船舶工业的船用压力容器设备是不容忽视的。

📋 任务实施

3.2.1 船用压力容器破坏

压力容器的破裂形式,通常可分为延性破裂、脆性破裂、疲劳破裂、腐蚀破裂、压力冲击破裂、蠕变破裂等。

1. **延性破裂**

延性破裂是指在内部压力作用下,器壁上产生的应力达到器壁材料的强度极限,从而

发生断裂破坏的一种形式。这种形式的破坏属于韧性断裂，因此，该形式的破坏也称作韧性破坏。

当压力容器发生延性破裂时，具有固有的特征：器壁有明显的塑性变形，表现为容器直径增大、容积增大、壁厚减薄，而轴向增长较小，产生"腰鼓形"变形；韧性破坏的断口为切断撕裂，一般呈暗灰色纤维状，断口不平齐，且与主应力方向成45°；破坏时的爆破压力接近理论爆破压力，爆破口的大小随容器破坏时膨胀能量的大小而异，释放的能量越大，爆破口越大；韧性破坏时，容器器壁的应力值一般达到或接近材料的强度极限。

2. 脆性破裂

压力容器在破裂时没有显著的塑性变形，破裂时器壁的压力也远远小于材料的强度极限，有的甚至低于材料的屈服极限，这种破坏与脆性材料的破裂很相似，称为脆性破裂。破坏是在较低的应力状态下发生的，所以又称为低应力破坏。

压力容器发生脆性破裂时无明显外观变化和外观预兆。破坏后的容器器壁无明显的伸长变形，壁厚一般也无减薄；脆性破裂的断口齐平，呈金属光泽的结晶状（这是因为脆断往往是晶断裂），并与最大主应力方向垂直。容器纵向脆断时裂口与器壁表面垂直，环向脆断时裂口与容器中心线相垂直；发生脆性破裂时，断裂速度极快，可高达 1 800 m/s，其材料韧性又差，故脆性破裂的容器常裂成碎片并飞出。压力容器发生脆性破裂的后果较韧性破坏严重得多；厚壁容器和较低温度的容器最易发生脆性破裂。且断裂时名义应力很低，常低于材料的屈服极限。这种破坏可在正常操作压力或水压试验压力下发生。

3. 疲劳破裂

疲劳破裂是指压力容器器壁在反复加压和卸压过程中受到交变荷载的长期作用，没有经过明显的塑性变形而导致容器断裂的一种破坏形式。疲劳破裂是突然发生的，因此具有很大的危险性。据有关资料统计，压力容器在运行中的破坏事故有 75% 以上是由疲劳引起的。

学习笔记：

(1)低压力高周疲劳。材料循环周次在 10^5 次以上,而相应的应力值在材料的弹性范围以内,可以承受周次的交变荷载作用而不会产生疲劳破裂。但当外荷载超过这个弹性范围内的应力值极限后,材料就易发生断裂。

(2)高应力低周疲劳。材料承受的应力水平较高,交变应力幅度较大,但交变周次较少,当容器材料在较高应力水平下承受交变周次超过 10^5 次后,材料就易发生断裂。容器内介质压力的波动也是一种荷载,若交变荷载变化较大、开停车次数较多,容器就容易发生疲劳破坏。

4. 腐蚀破裂

腐蚀破裂是指压力容器材料在腐蚀性介质作用下,引起容器壁由厚变薄或材料组织结构改变、力学性能降低,使压力容器承载能力不够而发生的破坏形式。

压力容器金属腐蚀的情况比较复杂,同一种材料在不同的介质中有不同的腐蚀规律;不同材料在同一种介质中的腐蚀规律也各不相同;即使同一种材料在同一种介质中,因其内部或外部条件(如材料金相组织、介质的温度浓度和压力等)的变化,往往也表现出不同的腐蚀规律。因此,只有了解腐蚀规律,才能正确地判断各种腐蚀的危害程度,以便采取有效的防止措施。

3.2.2 薄壁容器的强度计算

压力容器按厚度可以分为薄壁容器和厚壁容器。厚壁与薄壁并不是按容器厚度的大小来划分的,而是一个相对的概念,通常根据容器外径 D_o 与内径 D_i 的比值 K 来判断,$K>1.2$ 时为厚壁容器,$K \leqslant 1.2$ 时为薄壁容器(或 $D_m \geqslant t$,D_m 为平均直径,t 为壁厚)。实际工程中的压力容器大多为薄壁容器。

学习笔记:

3.2.2.1 薄壁容器应力分析

薄壁容器的厚度远小于筒体的直径，可认为在圆筒内部压力的作用下，筒壁内只产生拉应力，不产生弯曲应力，且这些拉应力沿厚度均匀分布，如图 3-11 所示。以内压薄壁容器的应力分析为例（如图 3-11 所示的圆筒容器），当承受内部压力作用以

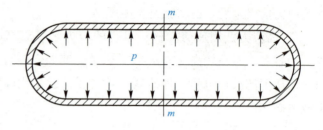

图 3-11

后，容器壁上的"环向纤维"和"纵向纤维"均有伸长，可以证明这两个方向都受到拉力的作用。

圆筒在圆周方向均匀膨胀，导致壁内圆周方向产生拉应力，该拉应力称为切向应力 σ_t；圆筒的两端板承受轴向压力，导致容器在轴向产生拉伸变形，该拉应力称为轴向应力 σ_x。薄壁容器的最大特点为壁内应力沿壁厚均匀分布。

1. 轴向应力

假想用任一截面 $m—m$ 将容器截开，如图 3-12 所示，取左段来分析。将该段容器及气体作为一个整体，筒壁横截面上的拉应力为 σ_x，列平衡方程：

$$\sum F_x = 0, \sigma_x \pi D t = p \frac{\pi D^2}{4}$$

可求得轴向应力 $\sigma_x = \dfrac{pD}{4t}$。

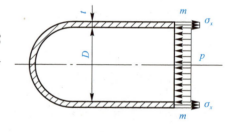

图 3-12

2. 切向应力

假想用两平行截面取长为 l 的一段，再沿直径平面将圆筒纵向切开成为上、下两部分，取下部来分析，如图 3-13 所示。

学习笔记：

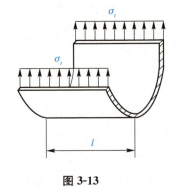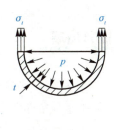

图 3-13

列平衡方程：

$$\sum F_y = 0, 2\sigma_t lt = plD$$

可求得切向应力：

$$\sigma_t = \frac{pD}{2t}$$

通过比较，可以得出圆筒薄壁容器的切向应力 σ_t 比轴向应力 σ_x 大1倍。实践证明，圆筒薄壁容器的破坏一般都是纵向破裂。

3.2.2.2 薄壁容器的强度准则

(1) 内压薄壁圆筒强度计算公式。应用第三强度理论有

$$\sigma_{xd} = \sigma_1 - \sigma_3 = \sigma_t = \frac{pD}{2t} \leqslant [\sigma]^t$$

实际设计中还须考虑三个因素的影响：如圆筒内径为 D_i，则 $D = D_i + t$；考虑焊接接头的影响，系数 φ 的影响，将许用应力 $[\sigma]^t$ 用焊接接头系数 φ 加以校正，采用 $\varphi[\sigma]^t$ 来进行计算；压力 p 为名义荷载，在计算过程中应考虑实际因素的影响，采用计算荷载 p_c 来进行计算。

$$\frac{p_c(D_i + t)}{2t} \leqslant \varphi[\sigma]^t$$

解出 t，得到内压薄壁圆筒的厚度计算公式：

$$t = \frac{p_c D_i}{2\varphi[\sigma]^t - p_c} \tag{3-9}$$

式中　t——圆筒的理论计算厚度(mm)；

　　　D_i——圆筒内径(mm)；

　　　p_c——筒体的计算压力(MPa)；

　　　$[\sigma]^t$——钢板在设计温度下的许用应力(MPa)；

　　　φ——焊接接头系数。

(2) 薄壁球壳强度计算公式。利用上述推导方法，可以得到球壳壁厚设计计算公式：

$$t = \frac{p_c D_i}{4\varphi [\sigma]^t - p_c} \tag{3-10}$$

 **能力拓展**

(1)设计薄壁圆筒容器时应当遵循的原则。从前面分析得知，$\sigma_t > \sigma_x$，故通常在设计薄壁圆筒容器时，应遵守下列两项原则：

1)纵向焊缝的强度必须高于横向焊缝的强度。

2)在圆筒上开有椭圆孔时，孔的长轴必须与圆筒轴线垂直。由于孔的存在会引起应力集中，考虑到 $\sigma_t > \sigma_x$，又考虑到椭圆孔长轴端部引起的应力集中较大，因此将椭圆孔的长轴安排在与应力 σ_x 平行的方向(平行于圆筒轴线方向)，这样可以减小筒壁内应力集中所引起的应力最大值。

(2)薄壁圆筒压力容器与薄壁球壳压力容器比较。

1)当容器直径、压力相同时，球壳内应力仅是圆筒壳体环向应力的一半，即球形壳体的厚度仅需要圆筒容器厚度的一半。同时球表面积最小，故大型贮罐制成球形较为经济。

2)球形容器加工困难，需要分别冲压后再组焊成型，且不宜安装内件。

学习笔记：

单元3.3 船舶机械振动简析

学习目标

学习振动与机械振动、机械振动特征参数、引起振动的因素、机械振动的危害，轴系扭转振动、轴系纵向振动，船舶减振的措施。

任务分析

曲轴是发动机中最重要的部件之一，其制造周期长，加工工艺复杂，造价高，同时也是柴油机中受力最复杂的部件。工作时，曲轴同时承受着汽缸内气体作用力、往复运动质量与旋转运动质量的惯性力，以及功率输出端转矩的作用。这些周期性的激励荷载，不仅会引起发动机曲柄等各部位产生交变的弯曲应力和扭转应力，还会导致轴系产生剧烈的振动。曲轴在轴向变截面、过渡圆角、曲柄臂等地方会产生应力分布不均匀、应力集中等现象，但对于大型船舶柴油机来说，由于其尺寸相对较大，大部分故障是由振动引起的。船舶轴系的振动直接影响轴系中各轴承的受力，引起柴油机、传动装置与轴系振动，并诱发船体梁及上层建筑的垂向和纵向振动，导致柴油机、传动装置与轴系的故障和尾轴管早期磨损等，并影响船舶航行性能和安全性能，所以，轴系振动一直是船舶界十分关心的问题。

任务实施

3.3.1 机械振动认知

3.3.1.1 机械振动的概念

1. 振动与机械振动

（1）振动是指物体在其平衡位置附近做往复性的运动。振动是自然界和工程中经常遇到的现象，如钟的摆动、船舶及车辆的颠簸、机械设备工作时的振动等。

（2）机械振动是指机器或结构物在其静平衡位置附近做往复性的运动。一般来说，各种机器设备及其零部件、基础及结构，由于具有弹性和质量，在一定条件下就会发生振动。

2. 机械振动的特征参数

（1）振幅。振幅是指振动的物理量可能达到的最大值，通常以 A 表示。振幅是表示振动的范围和强度的物理量。在机械振动中，振幅是物体振动时离开平衡位置最大位移的绝对值，振幅在数值上等于最大位移。振幅是标量，单位用 m 表示。振幅描述了物体振动幅度的大小和振动的强弱。

(2)频率。振体在每秒内完成的全振动的次数叫作振动的频率,用符号 f 表示,其单位为赫兹(Hz)。频率也是表示质点振动快慢的物理量,频率越大,振动越快。

(3)周期。物体完成一次全振动经过的时间为一个周期 T,其单位为 s。周期是表示质点振动快慢的物理量,周期越长,振动越慢。频率和周期互为倒数,即 $T=1/f$。

(4)圆频率。圆频率也称角频率,表示单位时间内变化的相角弧度值。角频率是描述物体振动快慢的物理量,与振动系统的固有属性有关,常用符号 ω 表示。在国际单位制中,角频率的单位是弧度/秒(rad/s)。

每个物体都有它本身性质决定的与振幅无关的频率,叫作固有角频率。在力学、光学、交变电路中,角频率都有着较为广泛的应用。

频率(f)、角频率(ω)和周期(T)的关系为

$$\omega = 2\pi f = 2\pi/T \tag{3-11}$$

3. 引起机械振动的因素

引起机械振动的内部因素如下:

振动自身具有一定的质量;振动自身具有一定的刚度。

引起机械振动的外部因素如下:

旋转构件的不平衡,负载、质量分布不均匀等;安装精度不够,造成物体之间的间隙过大;物体表面的质量和润滑不够理想。

4. 机械振动的危害

在许多情况下,振动是有害的,主要体现在以下几个方面:

(1)耗能:振动要消耗原能量以维持其往复性的运动。

(2)破坏:振动产生有损于机械或结构的动荷载,影响机械设备或结构物的工作性能,缩短设备使用寿命,严重时会使零件失效甚至破坏而造成事故。

(3)噪声:振动会产生损害人体健康的噪声。

学习笔记:

3.3.1.2 机械振动的分类

机械振动可以从不同的角度来进行分类，通常有四种分类方法，即按振动产生的原因分类、按振动的规律分类、按振动的位移特征分类和按振动系统的自由度分类。

(1)机械振动按振动产生的原因分类。机械振动按振动产生的原因可分为以下几类：

1)自由振动：当系统受到暂时干扰、系统的平衡状态遭到破坏时，仅靠其弹性恢复力来维持的振动。

2)受迫振动：系统在持续的外界干扰力的作用下，被迫产生的振动。

3)自激振动：由于系统具有非振荡性能源和反馈特性，从而引起的一种稳定的周期性的振动。

(2)机械振动按振动的规律分类。机械振动按振动的规律可分为以下几类：

1)简谐振动：能用一项正弦或余弦函数来描述其运动规律的周期性振动。

2)非简谐振动：不能用一项正弦或余弦函数来描述其运动规律的周期性振动。

3)随机振动：不能用简单函数或简单函数的组合来描述其运动规律，只能用统计的方法来研究的非周期性振动。

(3)机械振动按振动的位移特征分类。机械振动按振动的位移特征可分为以下几类：

1)纵向振动：振动体上的质点只做沿轴线方向的振动。

2)横向振动：振动体上的质点只做垂直于轴线方向的振动。

3)扭转振动：振动体上的质点只做绕轴线的振动。

(4)机械振动按振动系统的自由度分类。机械振动按振动系统的自由度可分为以下几类：

1)单自由度系统振动：确定系统在振动过程中任何瞬间的几何位置只需要一个独立坐标的振动。

学习笔记：

2)多自由度系统振动：确定系统在振动过程中任何瞬间的几何位置需要多个独立坐标的振动。

3.3.1.3 机械振动的利用与消除

通常振动是有害的，因此，对于大多数机械设备来说，应尽可能避免振动或将其振动量控制在允许的范围内。但是，从另一方面也可以利用振动原理制造大量的有利于生产发展的振动设备，如振动筛、振动打桩机、混凝土振捣器等，这里的振动则是有益的。研究振动的目的就是认识和掌握振动的规律，充分利用振动有益的一面，抑制或消除振动不利的一面。

设计机械设备时，应周密地考虑所设计的对象会出现何种振动：是线性振动还是非线性振动；振动的程度；将振动量控制在允许范围内的方法。这是决定设计方案时需要解决的问题。已有的机械设备出现超过允许范围的振动时，需要采取减振措施。为了减小机械设备本身的振动，可配置各类减振器。为减小机械设备振动对周围环境的影响，或减小周围环境的振动对机械设备的影响，可采取隔振措施。

3.3.2 船舶轴系振动简介

船舶轴系的振动主要包括弯曲振动、轴向振动和扭转振动，它们是由工作时的爆发压力、惯性力等周期激励引起的。它们相互耦合使曲轴工作在交变负荷下，长期作用会引发曲轴断裂，导致主机发生致命性故障。轴系的振动会通过主轴承座传递给汽缸体，从而由机体表面辐射出噪声，或引起机体表面安装附件的振动和噪声。

轴系的弯曲振动主要是由转轴不平衡引起的，轴向振动主要是因螺旋桨推力不均匀造成的，扭转振动是主机通过轴系传递功率至螺旋桨，造成各轴段间的扭转角度不相等，轴段来回摆动产生的。在这三种轴系振动类型中，因扭转振动产生的事故是最多、最主要的。

3.3.2.1 轴系扭转振动

1. 扭摆扭转振动

扭摆是最简单的扭振系统，如图 3-14(a) 所示。轴的一端固定，另一端与一个圆轴连接，并假定圆轴只有弹性而无转动惯量，圆盘只有转动惯量而无弹性。这两者组成的扭振系统称为扭摆。研究扭摆的扭振特性是研究轴系扭转振动的基础。

(1)扭摆的无阻尼自由扭转振动。若在扭摆的圆盘上加一扭矩使轴扭转一个角度 A，

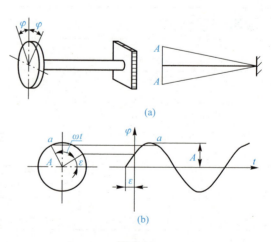

图 3-14

然后突然去掉此力矩,则圆盘就在圆轴的弹性力矩与圆盘的惯性力矩的作用下,以轴线为中心来回摆动,产生扭转振动。此种仅由轴系的弹性力矩与惯性力矩作用所产生的扭转振动,称为自由扭转振动。若不计任何阻尼,则称为无阻尼自由扭转振动。如图3-14(b)所示,运动方程式为

$$\varphi = A\sin(\omega t + \varepsilon) \tag{3-12}$$

式中　φ——圆盘角位移(rad);

　　　A——圆盘振幅(rad);

　　　ω——自振圆频率(固有频率)(rad/s),$\omega = \sqrt{K/I} = \sqrt{1/eI}$;

　　　ε——初相位(rad);

　　　K——弹性轴刚度;

　　　e——轴的柔度(单位力矩作用下轴产生的扭转角),$e = 1/K$;

　　　I——圆盘转动惯量。

无阻尼自由扭转振动是一种简谐振动。其振幅、自振圆频率及初相位决定了简谐振动的基本特征,故也称振动三要素。无阻尼自由扭转振动的自振圆频率是一个只取决于扭振系统的固有频率。振幅的大小取决于作用在圆盘上的外力矩的大小。

(2)扭摆的有阻尼自由扭转振动。任何自由扭振都是有阻尼的。阻尼力矩与扭转角速度成正比,与振动方向相反。这种计及阻尼的自由扭振称为有阻尼自由扭转振动。此时扭摆在轴系弹性力矩、惯性力矩及阻尼力矩的作用下产生扭转振动。扭振系统的运动方程为

$$\varphi = e^{-nt} A\sin(\sqrt{\omega^2 - n^2}\, t + \varepsilon) \tag{3-13}$$

式中　n——阻尼比,阻尼越大,n越大。

学习笔记:

扭摆的有阻尼自由扭转振动也是一种简谐振动,但其振幅是衰减的。经过一定时间后,可以认为其振幅趋于 0 时,即扭振终止。阻尼比 n 越大,衰减越快。它的自振圆频率小于无阻尼自由振动圆频率,而且其大小与外力矩无关。

(3)扭摆的有阻尼强制扭转振动。扭摆在一个持续的简谐力矩作用下,并计及有阻尼时所发生的扭转振动,称为扭摆的有阻尼强制扭转振动。此交变的外力矩称为激振或激励力矩。此时扭摆在惯性力矩、弹性力矩、阻尼力矩及激振力矩作用下产生扭振。

扭摆的有阻尼强制扭转振动是由强制振动与有阻尼自由扭转振动两种简谐振动合成的。经过一定时间后有阻尼自由扭转振动消失,只剩下强制振动;强制振动是由激振力矩激起的,且其圆频率与激振力矩的圆频率相同。

2. 轴系扭转振动的力学简化模型

柴油机推进轴系通常由减振器、曲轴及相连的活塞连杆机构、推力轴、飞轮、中间轴、尾轴及螺旋桨组成。这是一个非常复杂的扭振系统,轴系的各组成部分既有转动惯量,又有扭转弹性。通常将柴油机及轴系转化为若干个只有柔度而无转动惯量的轴段和互相连接起来的只有转动惯量而无柔度的集中质量组成的扭振系统。这种转化系统称为柴油机及其轴系的当量扭振系统。遵循一定的要求和原则,绘制轴系当量系统图。图 3-15 所示为 RTA48T 推进轴系的力学简化模型。

在当量系统转化时,可根据柴油机推进轴系结构特点及研究目的,将柴油机推进轴系转化为二质量(由两个转动质量、一个轴段组成)、三质量(三个转动质量、两个轴段)……n 质量系统。

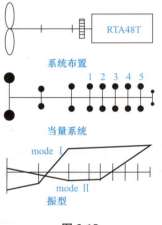

图 3-15

学习笔记:

3. 轴系的自由扭转振动

(1)二质量系统自由扭转振动。对于中机舱型推进轴系，由于中间轴很长、柔度很大，可以将曲柄连杆机构和飞轮合并成一个转动质量，螺旋桨为另一个集中质量，由此简化成一个双质量当量扭振系统，如图 3-16(a)所示。

两个质量都在进行简谐振动，它们的频率、相位相同，但振动方向相反；两个质量的振幅之比与转动惯量成反比；自振频率只取决于系统的转动惯量和轴的柔度，与外力矩的大小无关。

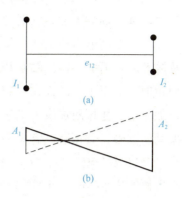

图 3-16

振型图是一种表示扭振系统各点振动振幅的曲线，二质量自由扭振的振型图如图 3-16(b)所示。由振型图可见，在轴段上的某点，其扭振振幅始终为零，该点称为节点，节点处的扭矩最大。二质量自由扭振只有一种振型图，即单节点点振型，且节点靠近转动惯量较大处。

(2)三质量系统自由扭转振动。机舱在尾部的轴系，可以将曲柄连杆机构合并成一个集中转动质量，飞轮为第二个转动质量，螺旋桨为第三个转动质量。由此可以简化为三个集中质量、两个轴段组成的三质量当量扭振系统，如图 3-17(a)所示。

三质量系统无阻尼自由扭转振动是由两种简谐振动相加而成的；三质量扭振系统具有两种自振频率，即单节圆频率和双节圆频率，其数值取决于系统各质量的转动惯量和轴段柔度。

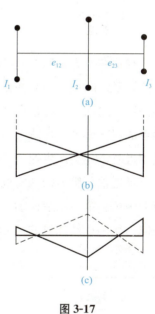

图 3-17

三质量系统无阻尼自由扭转振动在不同圆频率下振动的振型是不同的。如图 3-17(b)所示，在低圆频率下的振动是单节振动；如图 3-17(c)所示，在高圆频率下的振动是双节振动，它有两个节点，质量越大，距离节点越近，振幅越小，节点多落在柔度较大的轴段上。

4. 轴系的强制扭转振动

轴系在工作时，它的曲轴和螺旋桨(或发电机)上作用着周期性变化的外力矩。轴系在周期性变化的外力矩的作用下产生的扭转振动称为强制扭转振动。此周期性变化的外力矩称为激振(激励)力矩。强制扭转振动的频率等于外力矩变化的频率，而强制扭转振动的振幅与外力矩的大小及外力矩变化频率与自由振动频率的接近程度有关。当外力矩变化的频率与自由振动频率相等时，系统就会发生共振，使振幅达到最大值，但由于阻尼的存在，振幅不会达到无穷大。激振力矩输入系统的能量完全被阻尼耗散。

(1)轴系的共振。船舶推进轴系是一个多质量弹性扭振系统，它的自振频率和对应的振动形式有$(n-1)$个，n为轴系的集中质量数目。轴系的自振频率的数值取决于系统质量的转动惯量和轴的柔度。轴系的自振频率是轴系固有的，也称为轴系的固有频率。

当某次简谐力矩的变化频率等于轴系的某个自振频率时，轴系便会产生这个自振频率及振动形式下的共振。轴系共振时，轴系强制振动的振型同该自振频率相同的自由振动振型相似，由于阻尼的存在，振幅不会持续地增大而变成无穷大，但要达到最大值，产生的附加扭矩和扭振附加应力也达到最大值，有可能造成轴系损坏。所以，在轴系的强制扭转振动研究中，共振及其有关特点是最重要的研究内容。

(2)临界转速。在一定条件下，轴系的自振频率与简谐力矩频率相近或相等时，轴系开始产生扭转共振，这一时刻的转速为轴系扭振共振转速，简称共振转速，又称临界转速。

轴系在柴油机运行转速范围$(n_{min} \sim n_{max})$内，临界转速是很多的。节数多的振动形式的临界转速，往往是由次数较高、幅值较小的激振力矩所引起；节数少的振动形式的临界转速，往往是由次数较低、幅值较大的激振力矩所引起，产生的振幅较大，具有破坏性。通常，在共振研究中只研究自振频率为单节、双节和三节的振动。

3.3.2.2 轴系纵向振动

轴系在外力作用下，沿轴线方向产生的周期性变形现象，称为轴系纵向振动，简称纵振。轴系纵向振动的激振力主要是汽缸内的气体压力和往复运动部件产生的惯性力通过连杆作用在曲柄销上的径向分量和螺旋桨在不均匀伴流场中产生的周期性轴向激振力。另外，轴系的扭转振动也可能激起轴系的纵向振动，特别是在扭振固有频率与纵振固有频率相同或相近时，还会产生扭转—纵向耦合振动现象。

推进轴系纵向振动的危害性主要表现为柴油机、传动装置和轴系的故障，如曲轴弯曲疲劳破坏、推力轴承松动、艉轴管早期磨损、传动齿轮破坏和磨损等，以及推力轴承上的轴向力作用在柴油机的机体上并引起船体构件及上层建筑的附加振动。

学习笔记：

中速柴油机一般不存在轴向振动,因为中速柴油机的轴系刚度很高,其固有频率远高于激振力的频率。我国船级社要求对于大型低速柴油机推进轴系,必须提交其推进轴系的纵向振动特性并获得船级社的批准。

3.3.3 船舶减振措施

1. 轴系扭转振动的消减和回避

根据我国《钢质海船入级与建造规范》中有关扭振的规定,如果扭振附加应力超过许用应力,则必须采取措施进行消减或回避。其主要措施如下:

(1)"转速禁区"回避。在柴油机运行转速范围内设置"转速禁区"实质上是在运转中使用回避措施,避免在有害转速区段内持续运转,这种方法一般主要用在大型船用柴油机上。因为这类柴油机一方面因其转速低、部件大,使用减振器效果不理想;另一方面因其工作转速变化范围大,要在全部工作转速范围内均不存在有害临界转速比较困难,所以,此方法在船用主柴油机中应用较多。

(2)频率调整。改变系统的自振频率可以使有害的共振转速移到常用的转速以外。轴系的自振频率只取决于系统各部件的转动惯量和弹性(柔度)的大小及其分布情况,系统任何弹性和惯性部件数值的改变,都可以变动整个系统的自振频率。减小轴径或增加飞轮的转动惯量和加装副飞轮会使轴系的自振频率降低,加粗轴径可以提高轴系的自振频率;另外,还可以加装高弹性联轴节改变系统自振频率。

(3)减小激振能量。减小输入系统的激振能量可直接减小扭振振幅,从而使有害共振变成无害共振,减小气体力输入系统能量的主要方法是改变柴油机的发火顺序和扭振系统的振型。改变发火顺序可以减小副谐量的激振能量,但不能改变主谐量的激振能量;改变扭振系统的振型则可以减小主谐量的激振能量。合理选择螺旋桨桨叶和安装位置可以减小螺旋桨的激振能量。应注意不使用与柴油机主谐量相同的桨叶叶数。

学习笔记:

(4)阻尼减振。增大阻尼可以消耗激振能量达到减振的目的。其方法是在系统中装置有较大阻尼作用的各类阻尼减振器,来消减系统的扭振。

对于现代大型低速柴油机,4缸机通常在略高于标定转速附近存在主共振(4次简谐力),需要增加轴径尺寸,将共振转速移至高于标定转速40%~45%处;5缸机的主共振(5次简谐力)通常位于略低于标定转速处,可以设置"转速禁区",但更常用的处理方法是在柴油机的自由端加装一个副飞轮或降低轴径尺寸并选用高抗拉强度的材料,使共振转速低于常用转速;对于6缸柴油机,最常用的方法是设置"转速禁区";而7缸以上的柴油机通常不存在"转速禁区"。

2. 轴系纵向振动的消减和回避

我国船级社要求持续运转的纵振振幅不得超过计算值。对于瞬时通过的允许纵振振幅值,一般不超过计算值的1.5倍。如果超过持续运转的许用值,则应设置转速禁区。一般在转速比(为共振转速与标定转速之比)$r=0.85$时,由共振或上坡波产生的纵振振幅应不超过持续运转许用值,在$r=1.0$时,由共振或下坡波产生的纵振振幅也应不超过持续运转许用值。

(1)调频。调整系统纵振固有频率的基本方法是改变轴段的纵向刚度、集中质量及分布。改变轴系的长度或直径,可以提高或降低轴系的纵振固有频率,从而将有害纵振共振移开;在轴系纵振相对振幅较大处安装附加质量,或调整主机飞轮质量,不仅可以降低轴系纵振固有频率,而且可以改变振型,从而达到避开有害纵振共振转速或减小振幅的作用。

(2)减小输入系统的激振能量。副简谐引起的有害共振与柴油机发火顺序有关。改变发火顺序,可以减小输入系统的振动能量。但这一方法对主简谐引起的纵振无效。艉部不均匀伴流场是诱导螺旋桨激振力的直接原因,改善伴流,提高螺旋桨的设计水平和加工精度,对改善轴系的振动有着积极作用。另外,调整螺旋桨和柴油机曲轴之间的夹角,也可以使柴油机和螺旋桨激振力产生的纵振响应相互抵消一些。

学习笔记:

(3)避免扭转—纵向耦合振动。轴系的纵向振动有可能由轴系强烈的扭转振动耦合激发产生，特别是两者临界转速相同或相近时更易产生。这时，所有减小扭振的措施对降低纵振耦合响应都是有效的。而纵振的消减与回避措施中，除调频外的其他方法都不会有大的效果。改变纵振固有频率，拉开扭振与纵振临界转速的距离，能有效地降低扭转—纵向耦合振动。

(4)安装纵向振动减振器。安装纵向振动减振器是降低纵向振动响应的最有效方法。几乎所有低速二冲程柴油机都配有纵向振动减振器。纵向振动减振器安装在柴油机曲轴自由端上，减振器活塞与曲轴自由端直接连接，油压缸体固定在柴油机机架上，缸体内活塞的左右端充满压力润滑油，活塞可以在压力油缸内旋转和纵向振动。当曲轴振动时，润滑油通过节流阀从活塞一侧泵向另一侧，间隙的大小根据所需的阻尼力由计算和试验确定。由于其液压缸体固定在柴油机机架上，这样，使曲轴自由端受到一定的纵向约束作用，从而提高了轴系的纵振固有频率，同时，由于液压油的阻尼作用，使纵振振幅减小，达到减振的目的。

学习笔记：

部分单元测试答案

模块 1

单元 1.1

(1) 作用点

(2) 刚体

(3) 外效应(或机械效应)

(4) 二力构件

(5) 作用线汇交于一点

(6) 矢量　标量

(7) 转动

(8) 零　零

(9) 力　力臂

(10) 零

(11) 等值　反向　不共线

(12) 力偶矩值

(13) 力偶矩值　转向

(14) 滑移到刚体内任一点

(15) 平移力　等于力在原位置对平移点的力矩

单元 1.2

(1)

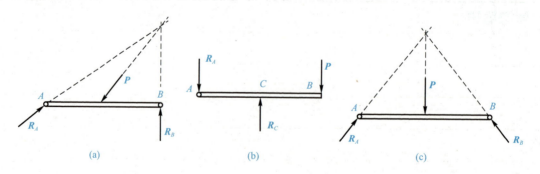

图 1

(2)

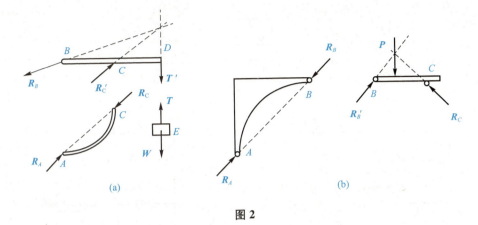

图 2

(3)

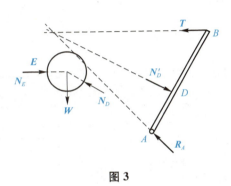

图 3

单元 1.3

(1) $m_A(\mathbf{F}) = -Fa\cos\alpha$, $m_B(\mathbf{F}) = Fb\sin\alpha - Fa\cos\alpha$

(2) $F_3 = F_4 = 86.6$ kN

(3) $P = 8.33$ kN

(4) $T_B = 28.3$ kN, $N_{Ax} = 20$ kN, $N_{Ay} = -10$ kN

(5) $N_{Ax} = 0$, $N_{Ay} = 2$ kN, $m_A = 2.5$ kN·m

单元 1.4

(1) (a) $x_C = 0.833\,3a$, $y_C = 0.833\,3a$; (b) $x_C = a$, $y_C = 0.777a$; (c) $x_C = a$, $y_C = 0.833a$

(2) (a) $x_C = 30.7$ mm, $y_C = 15.71$ mm; (b) $x_C = 41.7$ mm, $y_C = 26.7$ mm

单元 1.5

(1) $v_0 = 16$ m/s, $a = -0.4$ m/s^2, $t = 40$ s, $s = 320$ m

(2) $v = 100$ m/s, $\angle(v, x) = 53°$, $a = 25$ m/s^2, $\angle(a, x) = 53°$

(3) $\omega = 294$ rad/s, $\varepsilon = 98$ rad/s^2, $v = 118$ m/s

(4) $v_C = \dfrac{4}{15}\pi$ m/s

(5) $\omega_{AB}=0$, $\omega_{BC}=0.5\omega_0$

模块 2

单元 2.3

(1)

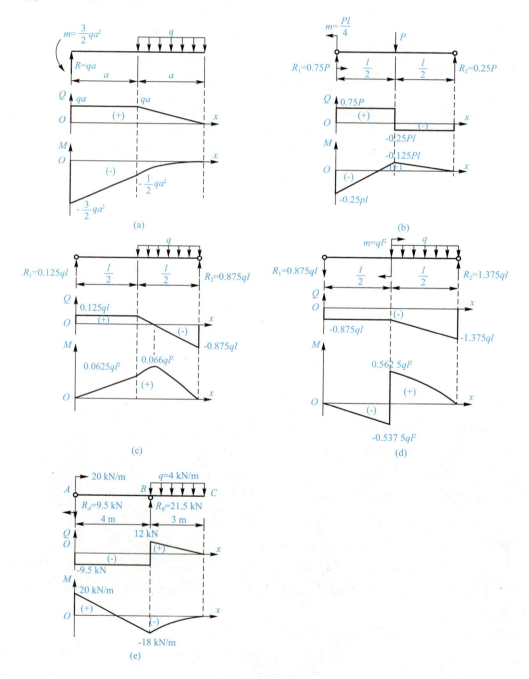

图 4

(2)①$\sigma_D = -34.13$ MPa，$\sigma_E = -18.2$ MPa，$\sigma_F = 0$，$\sigma_H = 34.13$ MPa；②$\sigma_{max} = 40.96$ MPa；③9倍

(3)$\sigma_{max} = 63.3$ MPa$<[\sigma]$，安全

(4)$\sigma_{lmax} = 60$ MPa$>[\sigma_l]$，$\sigma_{ymax} = 90$ MPa$<[\sigma_l]$，不安全

单元2.4

(1)图2-71(a)稳定性最差；图2-71(b)稳定性最好

(2)(a)$\sigma_{cr} = 135.4$ MPa；(b)$\sigma_{cr} = 185$ MPa；(c)$\sigma_{cr} = 182$ MPa；(d)$\sigma_{cr} = 217$ MPa

(3)$n = 4.42$，稳定

单元2.5

(1)

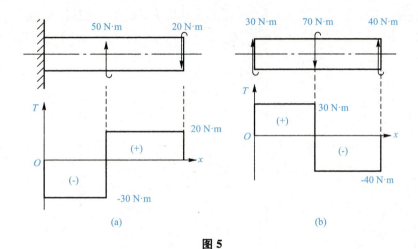

图5

(2)$\tau_B = 83.3$ MPa

(3)$\tau_1 = 97.8$ MPa，$\tau_{1max} = 122$ MPa，$\tau_{max} = 239$ MPa

(4)$\tau_A = 20.4$ MPa，$\theta = 1.17°/m$

(5)$d_1 \geqslant 45$ mm，$d_2 \geqslant 46$ mm

(6)$\tau_{ACmax} = 48.4$ MPa$<[\tau]$，$\tau_{DBmax} = 20.9$ MPa$<[\tau]$，$\theta_{max} = 1.74°/m<[\theta]$，安全

(7)$P = 18.74$ kW

(8)$\tau_{max} = 46.6$ MPa，$P = 71.8$ kW

单元2.6

(1)$l = 53.3$ mm

(2)$\tau = 50$ MPa$<[\tau]$，安全；$\sigma_{jy} = 125$ MPa$>[\sigma_{jy}]$，不安全

(3)7只

(4)$d = 16.29$ mm

(5)$d = 6$ mm

(6)$d = 34$ mm，$t = 10.4$ mm

(7)$d/h = 2.4$

附 录

附表 1　常见截面几何性质

图形	面积 A	形心轴位置	形心轴惯性矩 I 抗弯截面模量 W	惯性半径 i
矩形截面	$A=bh$	$x_C=\dfrac{b}{2}$ $y_C=\dfrac{h}{2}$	$I_x=\dfrac{bh^3}{12}$ $I_y=\dfrac{hb^3}{12}$ $W_x=\dfrac{bh^2}{6}$ $W_y=\dfrac{hb^2}{6}$	$i_x=\dfrac{\sqrt{3}}{6}h=0.289h$ $i_y=\dfrac{\sqrt{3}}{6}b=0.289b$
圆形截面	$A=\dfrac{\pi d^2}{4}$	形心在圆心	$I_x=I_y=\dfrac{\pi d^4}{64}$ $W_x=W_y=\dfrac{\pi d^3}{32}$	$i_x=i_y=\dfrac{d}{4}$
圆环截面	$A=\dfrac{\pi}{4}(D^2-d^2)$	形心在圆心	$I_x=I_y=\dfrac{\pi D^4}{64}(1-\alpha^4)$ $\alpha=\dfrac{d}{D}$ $W_x=W_y=\dfrac{\pi D^3}{32}(1-\alpha^4)$	$i_x=i_y=\dfrac{D}{4}\sqrt{1+\alpha^2}$
开口圆截面	$A\approx\dfrac{\pi d^2}{4}-bt$	$x_C=\dfrac{d}{2}$ $y_C\approx\dfrac{d}{2}$	$I_x\approx\dfrac{\pi d^4}{64}-\dfrac{bt}{4}(d-t)^2$ $W_x\approx\dfrac{\pi d^3}{32}-\dfrac{bt(d-t)^2}{2d}$	$i_x=\dfrac{1}{4}\sqrt{\dfrac{\pi d^4-16bt(d-t)^2}{\pi d^2-4bt}}$

续表

图形	面积 A	形心轴位置	形心轴惯性矩 I 抗弯截面模量 W	惯性半径 i
	$A = \dfrac{\pi d^2}{4} + zb\dfrac{(D-d)}{2}$ z 为花齿数	形心在圆心	$I_x = \dfrac{\pi d^4}{64} + \dfrac{zb}{64}(D-d)(D+d)^2$ $W_x = \dfrac{\pi d^4 + zb(D-d)(D+d)^2}{32D}$	$i_x = \dfrac{1}{4}\sqrt{\dfrac{\pi d^4 + zb(D-d)(D+d)^2}{\pi d^2 + 2zb(D-d)}}$
	$A = HB - hb$	$x_C = \dfrac{B}{2}$ $y_C = \dfrac{H}{2}$	$I_x = \dfrac{BH^3 - bh^3}{12}$ $I_y = \dfrac{HB^3 - hb^3}{12}$ $W_x = \dfrac{BH^3 - bh^3}{6H}$ $W_y = \dfrac{HB^3 - hb^3}{6H}$	$i_x = \dfrac{1}{2}\sqrt{\dfrac{BH^3 - bh^3}{3(BH - bh)}}$ $i_y = \dfrac{1}{2}\sqrt{\dfrac{HB^3 - hb^3}{3(HB - hb)}}$

附表 2 常见简单形状均质物体的转动惯量

物体形状	简图	转动惯量	惯性半径	体积
实心球		$J_z = \dfrac{2}{5}mR^2$	$i_z = \sqrt{\dfrac{2}{5}}R = 0.632R$	$\dfrac{4}{3}\pi R^3$
圆锥体		$J_z = \dfrac{3}{10}mr^2$ $J_x = J_y = \dfrac{3}{80}m(4r^2 + l^2)$	$i_z = \sqrt{\dfrac{3}{10}}r = 0.548r$ $i_x = i_y = \sqrt{\dfrac{3}{80}(4r^2 + l^2)}$	$\dfrac{\pi}{3}r^2 l$
圆环		$J_z = m\left(R^2 + \dfrac{3}{4}r^2\right)$	$i_z = \sqrt{R^2 + \dfrac{3}{4}r^2}$	$2\pi^2 r^2 R$

续表

物体形状	简图	转动惯量	惯性半径	体积
椭圆形薄板		$J_z = \dfrac{m}{4}(a^2+b^2)$ $J_x = \dfrac{m}{4}b^2$ $J_y = \dfrac{m}{4}a^2$	$i_z = \dfrac{1}{2}\sqrt{a^2+b^2}$ $i_x = \dfrac{b}{2}$ $i_y = \dfrac{a}{2}$	πabh
立方体		$J_z = \dfrac{m}{12}(a^2+b^2)$ $J_y = \dfrac{m}{12}(a^2+c^2)$ $J_x = \dfrac{m}{12}(b^2+c^2)$	$i_z = \sqrt{\dfrac{1}{12}(a^2+b^2)}$ $i_y = \sqrt{\dfrac{1}{12}(a^2+c^2)}$ $i_x = \sqrt{\dfrac{1}{12}(b^2+c^2)}$	abc
矩形薄板		$J_z = \dfrac{m}{12}(a^2+b^2)$ $J_y = \dfrac{m}{12}a^2$ $J_x = \dfrac{m}{12}b^2$	$i_z = \sqrt{\dfrac{1}{12}(a^2+b^2)}$ $i_y = 0.289a$ $i_x = 0.289b$	abh
细直杆		$J_{zC} = \dfrac{m}{12}l^2$ $J_z = \dfrac{m}{3}l^2$	$i_{zC} = \dfrac{l}{2\sqrt{3}} = 0.289l$ $i_z = \dfrac{l}{\sqrt{3}} = 0.578l$	
薄壁圆筒		$J_z = mR^2$	$i_z = R$	$2\pi Rlh$
圆柱		$J_z = \dfrac{1}{2}mR^2$ $J_x = J_y = \dfrac{m}{12}(3R^2+l^2)$	$i_z = \dfrac{R}{\sqrt{2}} = 0.707R$ $i_x = i_y = \sqrt{\dfrac{1}{12}(3R^2+l^2)}$	$\pi R^2 l$

续表

物体形状	简图	转动惯量	惯性半径	体积
空心圆柱		$J_z = \dfrac{m}{12}(R^2+r^2)$	$i_z = \sqrt{\dfrac{1}{12}(R^2+r^2)}$	$\pi l(R^2-r^2)$
薄壁空心球		$J_z = \dfrac{2}{3}mR^2$	$i_z = \sqrt{\dfrac{2}{3}}R = 0.816R$	$\dfrac{3}{2}\pi Rh$

附表 3　简单荷载作用下梁的变形

梁的简图	挠曲线方程	梁端面转角	最大挠度
	$y = -\dfrac{mx^2}{2EI}$	$\theta_B = -\dfrac{ml}{EI}$	$y_B = -\dfrac{ml^2}{2EI}$
	$y = -\dfrac{mx^2}{2EI}$ $(0 \leqslant x \leqslant a)$ $y = -\dfrac{ma}{EI}\left[(x-a) + \dfrac{a}{2}\right]$ $(a \leqslant x \leqslant l)$	$\theta_B = -\dfrac{ma}{EI}$	$y_B = -\dfrac{ma}{EI}\left(1 - \dfrac{a}{2}\right)$
	$y = -\dfrac{Fx^2}{6EI}(3l-x)$	$\theta_B = -\dfrac{Fl^2}{2EI}$	$y_B = -\dfrac{Fl^3}{3EI}$

续表

梁的简图	挠曲线方程	梁端面转角	最大挠度
(悬臂梁 A固定，集中力 F 在距 A 为 a 处，长 l)	$y=-\dfrac{Fx^2}{6EI}(3a-x)$ $(0\leqslant x\leqslant a)$ $y=-\dfrac{Fa^2}{6EI}(3x-a)$ $(a\leqslant x\leqslant l)$	$\theta_B=-\dfrac{Fa^2}{2EI}$	$y_B=-\dfrac{Fa^2}{6EI}(3l-a)$
(悬臂梁 A固定，均布载荷 q，长 l)	$y=-\dfrac{qx^2}{24EI}(x^2-4lx+6l^2)$	$\theta_B=-\dfrac{ql^3}{6EI}$	$y_B=-\dfrac{ql^4}{8EI}$
(简支梁 A、B，B端力偶 m，长 l)	$y=-\dfrac{mx}{6lEI}(l^2-x^2)$	$\theta_A=-\dfrac{ml}{6EI}$ $\theta_B=\dfrac{ml}{3EI}$	$y_{\max}=-\dfrac{ml^2}{9\sqrt{3}EI}$ $\left(x=\dfrac{l}{\sqrt{3}}\right)$ $y_{\frac{l}{2}}=-\dfrac{ml^2}{16EI}$
(简支梁 A、B，C处力偶 m，AC=a, CB=b, 长 l)	$y=\dfrac{mx}{6lEI}(l^2-3b^2-x^2)$ $(0\leqslant x\leqslant a)$ $y=\dfrac{m}{6lEI}[-x^3+3l(x-a)^2+(l^2-3b^2)x]$ $(a\leqslant x\leqslant l)$	$\theta_A=\dfrac{m}{6lEI}(l^2-3b^2)$ $\theta_B=\dfrac{m}{6lEI}(l^2-3a^2)$	$y_{A\max}=\dfrac{(l^2-3b^2)^{\frac{3}{2}}}{9\sqrt{3}\,lEI}$ $x=\left(\dfrac{l^2-3b^2}{3}\right)^{\frac{1}{2}}$ $y_{B\max}=\dfrac{-(l^2-3a^2)^{\frac{3}{2}}}{9\sqrt{3}\,lEI}$ $x=\left(\dfrac{l^2-3a^2}{3}\right)^{\frac{3}{2}}$
(简支梁 A、B，中点 C 集中力 F，长 l)	$y=-\dfrac{Fx}{48EI}(3l^2-4x^2)$ $\left(0\leqslant x\leqslant \dfrac{l}{2}\right)$	$\theta_A=-\dfrac{Fl^2}{16EI}$ $\theta_B=\dfrac{Fl^2}{16EI}$	$y_{\max}=-\dfrac{Fl^3}{48EI}$

续表

梁的简图	挠曲线方程	梁端面转角	最大挠度
(简支梁，集中力F在距A为a处，$a+b=l$)	$y=-\dfrac{Fbx}{6lEI}(l^2-x^2-b^2)$ $(0\leqslant x\leqslant a)$ $y=-\dfrac{Fb}{6lEI}\dfrac{l}{b}[(x-a)^3+(l^2-b^2)x-x^3]$ $(a\leqslant x\leqslant l)$	$\theta_A=-\dfrac{Fab(l+b)}{6lEI}$ $\theta_B=\dfrac{Fab(l+a)}{6lEI}$	$y_{max}=-\dfrac{Fb(l^2-b^2)^{\frac{3}{2}}}{9\sqrt{3}\,lEI}$ $\left[x=\sqrt{\dfrac{l^2-b^2}{3}}\;(a\geqslant b)\right]$ $y_{\frac{1}{2}}=-\dfrac{Fb(3l^2-4b^2)}{48EI}$
(简支梁，均布荷载q)	$y=-\dfrac{qx}{24}(l^3-2lx^2+x^3)$	$\theta_A=-\dfrac{ql^3}{24EI}$ $\theta_B=\dfrac{ql^3}{24EI}$	$y_{max}=-\dfrac{5ql^4}{384EI}$
(外伸梁，F作用于C)	$y=\dfrac{Fax}{6lEI}(l^2-x^2)$ $(0\leqslant x\leqslant l)$ $y=-\dfrac{F(x-l)}{6EI}[a(3x-l)-(x-l)^2]$ $(l\leqslant x\leqslant (l+a))$	$\theta_A=\dfrac{Fal}{6EI}$ $\theta_B=-\dfrac{Fal(l+a)}{3EI}$ $\theta_C=-\dfrac{Fa}{6EI}(2l+3a)$	$y_C=-\dfrac{Fa^2}{3EI}(l+a)$
(外伸梁，端部力偶m)	$y=-\dfrac{mx}{6lEI}(x^2-l^2)$ $(0\leqslant x\leqslant l)$ $y=-\dfrac{m}{6EI}(3x^2-4xl+l^2)$ $(l\leqslant x\leqslant l+a)$	$\theta_A=\dfrac{ml}{6EI}$ $\theta_B=-\dfrac{ml}{3EI}$ $\theta_C=\dfrac{m}{3EI}(l+3a)$	$y_C=\dfrac{ma}{6EI}(2l+3a)$
(外伸梁，外伸段BC上有均布荷载q)	$y=\dfrac{qa}{12EI}\left(lx-\dfrac{x^3}{l}\right)$ $(0\leqslant x\leqslant l)$ $y=-\dfrac{qa^2}{12EI}\left[\dfrac{x^3}{l}-\dfrac{(2l+a)(x-l)^3}{al}+\dfrac{(x-l)^4}{2a^2}-lx\right]$ $[l\leqslant x\leqslant (l+a)]$	$\theta_A=\dfrac{qa^2l}{12EI}$ $\theta_B=-\dfrac{qa^2l}{6EI}$ $\theta_C=\dfrac{qa^2}{6EI}(l+a)$	$y_C=-\dfrac{qa^3}{24EI}(3a+4l)$ $y_x=\dfrac{qa^2l^2}{18\sqrt{3}EI}$ $\left(x=\dfrac{l}{\sqrt{3}}\right)$

参考文献

[1] 孙方逎. 工程力学[M]. 北京：北京理工大学出版社，2014.
[2] 张向阳，李立新. 工程力学[M]. 哈尔滨：哈尔滨工程大学出版社，2007.
[3] 范钦珊. 工程力学教程（Ⅰ）[M]. 北京：高等教育出版社，1998.
[4] 范钦珊. 工程力学教程（Ⅱ）[M]. 北京：高等教育出版社，1998.
[5] 范钦珊. 工程力学教程（Ⅲ）[M]. 北京：高等教育出版社，1998.
[6] 顾敏童. 船舶设计原理[M]. 上海：上海交通大学出版社，2001.
[7] 李冬梅. 船舶动力装置安装[M]. 北京：北京理工大学出版社，2014.
[8] 刘晓丽. 船舶柴油机使用与维护[M]. 北京：北京理工大学出版社，2014.
[9] 中国海事服务中心. 主推进动力装置[M]. 大连：大连海事大学出版社，2008.
[10] 华玉洁. 起重机械与吊装[M]. 北京：化学工业出版社，2006.
[11] 李建国. 压力容器设计的力学基础及其标准应用[M]. 北京：机械工业出版社，2005.
[12] 刘瑞堂，刘文博，刘锦云. 工程材料力学性能[M]. 哈尔滨：哈尔滨工业大学出版社，2001.